江戸の風

立川談志

dZERO

目次

落語のリアリズム

日めくりのつもり

立川談志の会

江戸の風

江戸の風

［凡例］

＊「解説」以外はすべて、口演・高座映像を書き起こしたものです。読みやすさを考慮し、口調や文意を損なわない程度の修正・編集を行っています。

＊本文内の（　）は編集部による補足です。

＊著者の揮毫以外は原則として、新字体（新漢字）・現代仮名遣いを使用しています。

＊書き起こした映像の情報（収録日、収録場所など）は、各章末に記しました。

落語のリアリズム

講釈のリアリズム

じゃあ、お辞儀でもしてみるか。普段だと、万雷《ばんらい》の拍手がくるとこだけど、今日は客が十人ぐらいしかいない。

昔はねェ、出てくるとね、自分でちゃんとお湯を入れて、それで飲んで噺《はなし》をしたらしいですよね。今の国会の、水を飲んでるみたいなもんで。

これ見たかったんですけどね、昔の講釈で錦城斎典山《きんじょうさいてんざん》（三代目）。これが見事。昔の講釈師ってえのは、硬い話から、やくざの人情噺《にんじょうばなし》まで両方できないといけない。「硬軟《こうなん》二席」と言われてる。硬い話というのはどう説明すればいいか、「金襖物《きんぶすまもの》」、これもわかんねえか。つまり、評定録《ひょうじょうろく》みたいな、お家騒動ね。

それで『伊達《だて》評定』を演《や》って、ピシッと切るらしいですね。あまり釈台《しゃくだい》を叩《たた》かなかったらしい。〝池の鯉《こい》じゃあるまいし、バタバタ叩くやつがあるか〟と言って、何もしないで一応終わる。真打ちは、必ず二席演りました。

それでね、脇《わき》から、郷男爵《ごうだんしゃく》（郷誠之助《せいのすけ》）からもらったという自慢の煙管《キセル》を取り出した。昔はこういうものを大事にしたんでしょう。でね、悠々《ゆうゆう》と客を睨《ね》め回して、〝どうだ、俺の芸を聴いたか、見たか〟ってなもんでね、悠々と吸うんです。たいていはもう一服吸って、また同じように見てる。で三服目は煙管に煙草《たばこ》を入れるだけ入れて、脇へ置いちゃうらしいです。

ただ一言、「例の直次郎《なおじろう》は……」とそれだけで、客席が見事にその時代（江戸後期）の世界に変わっちゃうらしいです。片岡《かたおか》直次郎、三千歳《みちとせ》のあの舞台です。歌舞伎の『雪暮夜入谷畦道《ゆきのゆうべいりやのあぜみち》』。

そのぐらい、自信とリアリズムみたいものを持ってたんでしょう。

最初はジョーク

誰かに〝落語のリアリズムって何だ〟って聞かれたことがある。方々で答えてるんですけどね。何だろう。落語のリアリズムってのは、どっから来たのかね。

落語の最初というのは、ジョークを書いて集まってやったんでしょう。江戸時代、例えば、田舎者が江戸へ来て、五重塔を眺めて、数えて、

「ああ、四重塔か」

「バカ野郎、五重塔だ」

「ああ、蓋共《ふた》にな」

お互いに寄って、そういうのを作ってた。

ものはついでに、今一番好きなジョークは、パトリック・ハーランから教わった話ね。船が難破して放り出されちゃう。海の中、材木につかまってた。はるか遠くを見ると、同じように、材木へつかまっている人がいる。

「こっちいらっしゃい！　いらっしゃい！　いらっしゃい！」

呼んだ、来た。自分も近づいたでしょう。それで一緒になって、顔見て驚いた。クリスティーナ・ロゼという女性で、当時世界で一、二位を争うトップモデルだった。

「まさかあなたに、こういうところで会うとは思いませんでした」

「はい、そうですね」

「これも縁ですから仕方がない。力を合わせてやりましょう」

「お願いします」ってなもんで。運が良かったんでしょう。とある無人島へ着いた。

そこで二人の生活が始まるんです。ある日のことね、その彼女の言うのには、

「遠慮はいらないわよ。何でも言って。好きなことしてあげるから。何かある？」

「じゃあ、一つだけ頼みたいんだ」

「どうぞ、何？」

「悪いけどね、君のその黒髪を上へかき上げてくれないか」

「はい。これでいいの」

「それでいい。それからね、僕のこの汚い椰子《やし》っ葉で作った帽子をね、被ってくれないか」

「いいわよ」

「それから、僕の着ている、これも椰子っ葉と同じようなもんで作った着物だけど、これ着てくれないかな」

「着ました」

「それとこの僕のチノパンツも穿《は》いてくれないか」

「穿きました」

「それから悪いけど、ちょっとそばへ来てくれないかな」

「ええ」

「顔を描かせてもらうよ。悪いけど、眉毛《まゆげ》をちょっと太く、こう描いて。こっちも太く描いちゃう。ちょっと目じりをこう入れてね。シワを入れて、下に髭《ひげ》を描いちゃう。胸毛、描いちゃう。足には足の毛を描いちゃう。よしできあがり」

「ああ、そう。もうほかにしなくていいの」

「いいんだよ。これでいい。

……おい、お前、俺、今クリスティーナ・ロゼと暮らしてるんだぜ」

現代になると、こういう洒落《しゃれ》た小噺《こばなし》になってくるんですがね。

〝ギャグの奉公人〟では嫌になり

落語ができてきて、最初のうちはまァ往来、例えば観音様の境内とか、そんなようなところで演ってたんでしょう。関西のことは知らないよ。後になって、関西からネタが来たってことは知ってます。ついでに言っとくと、米朝《べいちょう》（三代目桂《かつら》米朝）さんは、まだ元気。まだ死なない、大丈夫、大丈夫。こないだ会ってきましたよ。

で、寄席で演るようになって、ストーリーのある『寿限無《じゅげむ》』だとか、『たらちね』だとか、『山号寺号《さんごうじごう》』だとか、ストーリー的に面白い噺、洒落た噺ができてきたんでしょう。

さあ、そこでだ。〝ワーッと笑わせて帰せばそれでいいじゃないか、興行的に十分に間に合うじゃないか、結構なこっちゃないか〟と。ところが、芸人は厄介なことに、ただの〝ギャグの奉公人・運搬人〟じゃ嫌になってくるんだ。つまり、〝己《おのれ》のリアリズムを出してやろうじゃないか〟と。個性とは違うリアリズム。まあ、イコールになる場合もありますが。

つまり、〝この落語は、こういうふうに演ろう〟と考えた。そうすれば、いかにも殿様らしく見える、お女中らしく見える。または、お小姓《こしょう》と中間《ちゅうげん》と違いますから、この差が見える。〝なるほど上手《うま》いもんだな。リアリズムだな〟ってことになる。

ところが、リアリズムのかけようがない噺がある。川柳の世界がそうです。「如意《にょい》棒《ぼう》で耳を掻《か》いてる悟空暇《ごくうひま》」という川柳がある。大好きなんですけどね。なるほど、想像力ははるかにある。素晴らしい想像力です。だけど、リアリズムとは違う。

人間の了見《りょうけん》の神髄《しんずい》まで表現している。結論から言うと、そのような例が落語にはいっぱいあります。例えば、友達が来る。

「お前、これを持ってけ」

するとそれを見ている女房としては、

「私に内緒で、何をあげるのかしら」

聞きたいが、それを言いだせない。落語は平気だ。

「あんた、何やんの、この人に何やっちゃうの？　何やるのォー」

こういう、人間の本性を見事に探り出してくるんです。だから、「囲いができたね」「へえー」……そういう言葉だけの遊びじゃないんです。

昔から、「講談は歴史を教え、落語は人間の情を教える」というけど、その「情」は、単なる、親孝行するとか、または一所懸命頑張って偉くなったとか、悪人になってしまったとか、そういうことではない。そういう状況は演るけど、その状況に行くまでの、心理分解というかリアリズム。そこを演らなきゃいけないんだ。

人間の不確かさ

『鼠穴《ねずみあな》』って落語があります。

「旦那《だんな》さん」

「何だ」

「国表《くにおもて》から、竹次郎《たけじろう》さんという方がお見えになってます」

「ああ、そうか。こっちへ通せよ、こっちへ。いやいや俺の弟だ、嘘《うそ》でねえ。

……ああ、どうした。しばらくでねえか、ええ？　来るなら来ると、手紙の一本もよこさば、誰か迎えにやったべえに。まあまあ、いい、便りのねえのが無事の知らせっちゅうだからな。気にすることねえよ。ゆっくりしてけェ。江戸見物か」

「いいえ、兄《あに》さん、江戸見物なんてわけじゃねえんで。実はおらァ、兄さんに面目ねえ、恥ずかしいことをしてしまって。でも仕方がないんで、兄さんところへ来たっていうのは、他じゃあねえ、兄さんとおらは血肉を分けたたった二人っきりの男の兄弟。で父《とっ》つぁま、亡くなった。おらァ、次男坊だ。兄さんのところへ、田地田畑《でんちでんぱた》全部行くと思ってた。おらァその気持ちでいた。

するると兄さんは、そうでねえ。〝半分お前にやるから、あとを頼む〟と言って、半分おらに財産、田地田畑置いて、兄さんそれを金に換えて江戸へ出てきて、今こんな立派な大きな店の主《あるじ》になってる。それに比べて、おらはだらしがねえ。持ちつけねえ金持ったっけ、友達ができましてね。やれ茶屋酒《ちゃやざけ》（遊郭《ゆうかく》や料理屋などで飲む酒）を覚える、女《あま》っこに野良《のら》をこく（女遊びをする）。気が付いたときは自分のものはすっかりなくなって、昨日までチヤホヤおだててた奴《やつ》がガラッとひっくり返って、陰で指さして笑うようになった。とてもおらには居らんねえ。それでここへ出てきました。

すいませんが、おら兄さんの奉公人だと思って使ってもらいてえ。弟だと思うと使いにくかんべ、他人と思って使ってくれ。おらも兄貴と思わねえ、ご主人様と思って仕えるで、一つよろしくお願いします」

「ああ、そうかそうか、いやいや、別に怒りやしねえ。若えうちだ、金をもらやァなァ、ついうれしくなるから使う、なァ。博打《ばくち》はあんまり褒められたもんでもないけども、まあ女も知らないより知っといたほうがいいし、そういうことをすると、かえってあとの者に思いやりができていいくらいなもんだ。道楽を薦《すす》めるわけじゃないが、知らないより知ってるほうがいいって話をしたんだ」

という一幕があって、そこで金を貸すんです。三文《さんもん》の金を貸す。弟のほうは怒りますわなァ。

「この野郎、三文？　なるほどあの野郎、国で評判が悪いわけだ」

だけど三文とて、地べた掘って出てくるもんじゃないというんで、こいつを拾って、〝ようし見返してやろう〟っていうんで、努力するわけだ。努力して一所懸命に働いておかみさんをもらって、子供ができて、十年目に返しに行く。三文に五両ぐらい付けてね。と、向こう（兄）が受け取る。

「落語のリアリズム」は後出の「江戸の風」とともに、2011年2月9日に収録された。撮影場所は、東京都文京区白山（はくさん）にある、大正時代に建てられた木造二階建ての日本家屋。ここはかつて「待合」として使われていた

「お前が十年前に、〝奉公ぶちてえ〟と言ったときに、〝自分で商いをしろ。自分でやれば、仮に一両儲《もう》けりゃ一両手に入る。十両儲けりゃ十両。百両が百両、千両が千両、われに入る。人のところに働いたらどのくらいになる。十両儲けたとして一分《ぶ》とくれる人はまずいまい〟と……」

それで、〝お前がまだ腹に茶屋酒が染《し》み込んどったから、金貸してもダメだと思うから三文しか貸さなかったんだ〟と。

「これで発奮して、いくらか銭を増やしてきたときは、なんぼでも貸してやろうと思ってた。さすがに来ない。俺に負けず強情だ。見ている間に大きな店の主になった」

〝そういうわけだから怒るな〟と。〝腹が立つだろうが勘弁してくれ〟って言うと、泣きましてね、〝そんな気持ちは知らないで〟と言って、その晩に火事が起きるという『鼠穴』っていう噺なんです。

さァそこでね、三文の金を貸したときに、本当に弟を立ち直らせるためにやったのか。それとも何だかわからない、風の吹きようというか、何気なく三文貸したかわからない。〝談志、お前どっちで演ってる〟って言ったら、俺はわからないほうで演ってる。つまり美談ではなく、〝何だかわからない〟という演り方。それは「ナンセンス」ではダメ。ナンセンスはナンセンスでいくらもあります。ナンセンスでない、〝人間の不確かなところ〟を語っていくリアリズム。これが難しいんですね。

〝ありそうなこと〟をいかに散りばめるか

『粗忽長屋《そこつながや》』という落語では、隣に住んでる仲間に〝お前は死んだんだ〟と言われて、本人が〝ああ、死んだんだ、死んだんだ〟というナンセンスに入ってくる。私はそれを『粗忽長屋』と言わずに『主観長屋《しゅかんながや》』という題名に替えて演りました。

仲間のほうはもう主観だから、「死んだんだ、死んだんだ、死んだんだ、死んだんだ」と言いますよ。さァ、（死んだと言われた）こっち（本人）の了見が、果たしてそんなことになるもんなのか。ならないよ、いくら何でも。死んだとなりゃ焼き場へ持ってかれて焼かれちゃうんだから。〝アッチッチ〟って助かりゃいいけど。

そうするとね、こいつの精神の源ってのは、どこにあるんだ。それをどこで止めるんだ。それとも、どこまでいっちゃうのか。どこまでもいくと気が違います。その一歩手前で止めたのが、「談志《だんし》・円鏡《えんきょう》歌謡合戦《かようがっせん》」（ニッポン放送、一九六九〜一九七三年）。

「お前んところの縁の下に飼ってたキリン、どうしたあれ」

「〝徳利《とっくり》のセーター着るのが嫌だ〟って、家出しちゃったよ」

「どこ行ったの」

「なんか〝自衛隊行く〟ってなこと言ってたけどな」

「そういえば地下鉄の駅前で、切符買おうとして考えてたよ」

そういうふうに話が飛んでいく、わけのわからないもの。

でもね、ことによると、これはリアリズムになるかもしれないね。終《しま》いには、ナンセンスだけになっちゃいましたけどね。

円鏡（五代目月《つき》の家《や》円鏡、のちの八代目 橘《たちばな》家《や》円蔵《えんぞう》）とやるときは、簡単だけど、珍しく打ち合わせをする。〝お互いに東西の自慢をしようじゃないか〟と。〝お前が西だから〟〝ああ、近江八景《おうみはっけい》をやろう〟というような打ち合わせ。で、近江八景があるから、〝新しい八景、東北八景を作ろうじゃないか〟。

「円鏡さん」

「何です」

「東北八景の一番は、どこでしょうね」

「由利徹《ゆりとおる》の実家ですね」

これ聞いて、あきれけえってね。東北八景のトップが由利徹の実家なんだってさ。わかるよな。これこそリアリティ、ありそうじゃないですか。そういう〝ありそうなこと〟を落語の中にいかに散りばめていくか。

歌舞伎なんざァ違いますからね。勘三郎《かんざぶろう》（十八代目中村勘三郎）がまだ勘九郎《かんくろう》（五代目）のころ……あいつ〝具合悪い〟って言ってたね……。で『文七元結《ぶんしちもっとい》』、あれは美談で終わります。

「よくお前、こんなつまらねえ芝居やるな」

って言ったら、あいつらしくてね、

「いいじゃないですか、師匠」

それだけ。まあ、あっちはあっちでいいよ、形があるんだから。形だけだから。形だけだと思わなかったら、見てられない。何かあんのかね、あれに。俺の兄弟子《あにでし》、柳家《やなぎや》さん助《すけ》（二代目）ってのがいて、初めて歌舞伎を見せたね。見たらね、

「こいつは大げさだ」

って、言ってましたけどね。そりゃ大げさだよ。まだ中国の舞踊団のほうが素晴らしい。『白蛇伝《はくじゃでん》』、素晴らしいです。顔の面を剝《は》ぐとクルッと変わるような芸を含めて

素晴らしい。

歌舞伎にはリアリズムはない。形式美です。リアリズムから言ったら、泥棒が五人並んで威張《えば》ってるなんて、そんな馬鹿なことできないですよ。〝さて、その次に連なるは〟なんつってるけどね。

ナンセンスかリアルか

落語の場合、例えばこういうのは何なんですかね。志《し》ん生《しょう》（五代目古今亭《ここんてい》志ん生）です。

「〝何だいこりゃ、見たことがないね、ええ？　頭からすぐ尻尾《しっぽ》になっちゃってんじゃねえか〟

〝これなんてほどのもんじゃねえ、こんなものは。屁《へ》みたいなもんだ、こりゃ〟

あれは、昔は、〝屁〟と言ったそうですな。〝へが行く、へが行く〟なんて、そのうちに〝びー〟となったそうで」

それで蛇って言うんだってさ。これ聞いてあきれけえってね。〝へがびーで蛇〟なんだってさ。これ、一体何なんだろう。ナンセンスじゃない。ことによると、リアルなのかもしれませんよ。

リアリティっていうのは、いかにも殿様らしく、お奉行はお奉行らしく、〝らしく〟演じる。〝らしく〟演じないと相手にわからないから。

お奉行をやりながら、

「ああ、ちょっとパチンコがやりたいから台を持ってこい」

ナンセンスにはなる。そうかと思うと、

「ああ、まんじゅうを持ってこい」

ナンセンスにはなるけど、リアリズムにはならんでしょう。お奉行、裁判長のリアリズムは、どこへ持ってくるのかね。物的証拠ってことになるけど、昔は弁護士なんか居ない。

大岡《おおおか》様なり根岸《ねぎし》様なり、根岸肥前守《ひぜんのかみ》、そういう状況で測るから当然間違えが出るでしょう。間違えが出ると、その次の奴が名奉行だとしたら、〝この事件は間違えであった。こういうことがあるから気を付けろ〟と言ったでしょう。で次の奴もそれに気が付き、気が付いているうちに一つの真実というものをつかむ技術を覚えるんじゃないですか。

これが今の国会にはないです。国会というか検察庁にね。

八公、与太郎のリアリズム

落語におけるリアリズム。どこへ持っていけばいいんだろう。わかりません。ただ、私にはあるだろうと思ってます。またこういうことをしゃべるくらいですから、リアリズムというのは何なのかはわかる。少なくも親孝行なんてリアリズムじゃないでしょう。嘘でしょう。むしろ親不孝のほうがリアリズムですよね。だから八公《はちこう》の言ってることはリアリズムに近いですよ。

昔、秦《しん》の国に、偉い人から下に至るまでいろんな人がいてな、〝親孝行の話をしてやるから〟ってんで。親不孝な八公が親を蹴《け》っ飛ばしてね、これは俺のギャグだけど、あごへキックを入れるような、そういう八五郎に意見してな。

「ある冬の日にな、母親が〝筍《たけのこ》が食べたい〟と言った」

「どうしてえ」

「鍬《くわ》を片手に、裏の竹藪《たけやぶ》へ出た」

「ねえだろう」

「ない」

「どうしたんだ」

「〝筍なくしては、母の意に背《そむ》く〟と言って、天を仰いで嘆息《たんそく》をした」

「喘息《ぜんそく》」

「喘息じゃない、嘆息」

「嘆息。ああ。どうしてえ、ええ？　上睨《にら》んだって、しょうがねえじゃねえか。筍は下から来るんだ、下にあるんだ」

「そうでない。すると、そこから二本の筍がニューッと出てきた」

「嘘ォつきやがれ、この野郎。そんなとこからな、ええ？　筍が出てくるようなら八百屋なんぞ、買い出しに行かねえよ。筍時分になったら、ほらみんなお前、笹《ささ》んとこへ出てって、天を眺めてワーワーワーワー泣いたほうが、いくらでも出てきて儲かっていいじゃねえ」

「つまりこの場合、親孝行の徳。天がこれを哀れと思って助くる」

「ああ、天が助けたから天災かね」

なんて話になってくるんだけど。〝教える〟ということに対して、〝どうも違うな〟

と思う。八公の奴はね。

　与太郎《よたろう》なんかもそうですよ。

「この野郎、口開《あ》いてやがる、バカ野郎」

「口を結ぶと、息ができないよ」

「鼻でしろ、鼻で」

「ああ、できるな」

「あんなこと言ってやがる」

「ブラブラしてんだろ、二十歳《はたち》になって」

「ブラブラしてないよ。あっち行ったり、こっち行ったりしてる」

「それを〝ブラブラ〟って言うんだよ」

「そうでないよ。花を見たりね、草を眺めたりね、空を見たりね」

「それが〝ブラブラ〟ってんだ。仕事をしろ、仕事を」

「仕事ってのは、あたいは、あたいなりの歩いたり、ションベンしたり」

「そういう仕事じゃない」

「仕事なんぞしなくたって、食ってるよ」

常識、世間というものを取り払い、人間の本質をそのままリアルに表現するのが落語におけるリアリズム。勧善懲悪を嘲笑し、親孝行より親不孝を語る。「談志哲学」ともいうべきこのテーマを、10人ほどのギャラリーを前に口演した

「おっ母《か》さんがやってるからじゃないか」

「おっ母さんはおっ母さんで、あれをやらないとね、自分の証《あかし》がつかないんだ」

「何だ、そりゃ」

「やることによって周りからね、〝大変ですね、働かない伜《せがれ》を持つと勝手ができないから、いろいろ大変でしょう〟、そう言われるのが好きなんだ。好きだけど、それは言えないだろ」

こう思ってるんですよ。

世間体という一つのルールに侵されないで、自分の了見をしっかりと持っている。しっかりと持つと、それゆえに世の中のことがすべて嘘に見えてきます、ええ。

嘘でいいんですよ。嘘で固まってる世の中だから。その嘘を見破って落語を演ってるんです。とくに談志落語はね。

その嘘をどう処理するか。嘘じゃなくて、リアリズムとリアリズムの掛け合いだけだったら、哲学だか何だか知らないけど、そっちの坊主の説教か何かを聞いてるほうがいいわけです。

そこに笑いを入れながら、〝人間の持つ「業《ごう》」という名のリアリズム〟を語るわけなんです。教わった通りにやるなら楽だよ、落語なんぞ。

持ってるか、生かせるか

極端に言やね、もし俺があなたを一人前の落語家に、というよりも、落語がどうやら舞台でしゃべれるようにするとする。そうね、十日もあればいいよ。俺も十日で教えないと死刑になっちゃうと。意見が合うでしょ。できますよ。

十日もするとここへ出て、〝ええー、一席お笑いを〟って言うようになるよ。落語を好きでない奴でもできます。

そのぐらい「形式」というものは、演者にとって楽なもんです。形式は楽です。その形式とて下手な奴がいる。その形式が一番上手かったのが、私どもの知る中では三《さん》遊亭円生《ゆうていえんしょう》（六代目）です。今バカが二人で（七代目円生襲名に関して）揉めてるでしょう？　俺はどっちかと言えば鳳楽《ほうらく》（三遊亭鳳楽）のほうがいい。もっと上手くなると思った。あいつは人間的にカッコいいしね、二枚目だしね、「江戸の風」が吹いてる奴ですよ、鳳楽って奴は。

落語の持つ本性というものを、どの辺へ持ってくるか。

落語の持つリアリズム。志《し》の輔《すけ》あたりはどう考えてるか。志《し》らくあたりはどうするのか、どう解釈してるのか。そこまでいかないで、田舎っぺだから、ほかのことで忙しいかどうか知らないけど。

落語におけるリアリズム。本当のリアリズムを演っているだけでは落語にならない。そこに入れるセンス。センスの後に、そのセンスにつながるリアリズムを演者本人が持ってるか、それを生かせるか、というところが勝負だと思います。

お客さんはそこまでいかなくていいですよ。聴いて面白けりゃいい、笑ってりゃいいんです。つまらなきゃ、帰っちゃえばいいんです。それだけのものです。

〝そこまで考えると、夜も寝られなくなっちゃう〟って漫才がいたけど、現にそうなります。

＊二〇一一年二月七日、「花みち」（東京都文京区白山）にて収録。
映像は「談志市場」https://dze.ro/danshiichiba で『談志の遺言 第二巻 落語のリアリズム』として、同年六月十四日より配信。
関連情報は１５０ページ。

日めくりのつもり

財布を取られるな

財布を取られるな。え？　持ってない？　知らないよ、そんなことまで。

バスで帰ろうネ

バスで帰ろうネ。いい言葉だよなァ。乗ってごらんよバスに。いいよ。

満州を返せ

満州を返せ。これこそ日本人の叫び。それよりおっかァ飯炊け、飯。

百円ください

百円ください。これほんとの話なんだけどね。聞いたら、今、百円札ないんだってね。知らなかった俺。

らくだどうしてるかなア

らくだ、どうしてるんだろうねエ、ええ。エジプト行っちゃったのかね、はい。

蛇は踊り喰いにしよう

蛇は踊り喰《ぐ》いにしよう。踊り喰いな。蝮《まむし》はやったよ。嘘《うそ》じゃない。毒蝮《どくまむし》三《さん》太夫《だゆう》。

馬鹿は隣の火事より怖い

馬鹿は隣の火事より怖い。これ貼《は》っといたらね、家が丸焼けになっちゃった、うん。石神井《しゃくじい》公園の葵寿司《あおいずし》。

小便は我慢しないほうがいい

小便は我慢しないほうがいい。これは真実。うちのかみさん出なくなっちゃった、ええ。

今日は何を喰おうかな

今日は何を喰《く》おうかな。楽しみだよな。俺バナナばっかり。エテ公みたい。

秋刀魚は目黒に限る

秋刀魚《さんま》は目黒に限る。結構目黒に住んでたんだよ、長いことね。懐かしいとこです、はい。

銭、飲めるだけありゃそれでいい

銭《ぜに》、飲めるだけありゃいい。そうなんですよ。まったくその通りなんです。うちの文字助《もじすけ》ってバカな弟子に教えてやりたいと思ってます。

別に死にゃあしねえ

別に死にゃあしねえ。死なないよォ。うちの婆《ばば》ア、九十四歳。まだ死なない。

お念佛をとなえること

お念仏をとなえること。妙法蓮華《みょうほうれんげ》経《きょう》、妙法蓮華経！

雨の時は寝てること

雨の時は寝てること。何？　ええ？　氷雨《ひさめ》のときはどうする？　そこまで考えてなかったね。

女郎屋は無いのかネ

女郎屋はないかネ。あるよな。絶対になくしてはいけない。これが日本の伝統である。

犬や猫を喰っちまえ

犬や猫は喰っちまえ。北京《ペキン》で俺、昔喰った、ええ。赤犬は喰えるんだよ。ニャーンもワンもあるか！　みんな喰っちゃえ！

たまには談志を聴くこと

たまには談志を聴くこと。その通りです。まだできるんだ。聴いとけよ。宝物になるよ。嘘言わない。うちは孫も聴いてる。

今日は何を喰おうかな

今日は何を喰おうかね。こういう楽しみがあるうちはいいです、ええ。俺、何にも喰いたいもん、ないもんね。何かないかね、喰うもの。クジラなんか丸かじりしてみるか。

人間放っとくとロクな事をしない

人間放っとくとロクな事をしない。菅《かん》内閣見りゃわかんじゃねえか、なァ？　ほんとロクな事しねえな、あいつら。

アメリカ人は信用出来ない

アメリカ人は信頼出来ない。真実ですよ。ほんと。これだけは言っとく。まだ北朝鮮のほうがいいよ。金正日万歳《キムジョンイルマンセー》。

北方領土を返せぇー

北方領土を返せぇー。あのね、国後島《くなしりとう》のところへね、飛行機が上がるとこ、降りるところ。あそこへ「立川談志」って札が貼ってあるよ。千社札《せんじゃふだ》。見に行ってごらん。いや嘘言ったってしょうがない。ほんとだよ。

何処へでも行っちまえ

何処《どこ》へでも行っちまいな。ほんとにそう思う。うちのかかァにみっちり教えなくちゃいけない。どこでも行けェ、この野郎。

よそう又夢ンなると不可ねえ

よそう、又《また》夢ンなると不可《いけ》ない。いいねェ。まだ俺にできるんだ、この噺《はなし》が。うれしいですよ。できる噺がある喜び、はい。

何処っか旅にでも行ってきな

何処《ど》っか旅にでも行こうか。行こうね。そう。いや、何処《どこ》でも行けますよ。旅は行ってきたほうがいいですよ。ほんとに、ええ。旅はいいね。ああー。

雪よ降ってくれよ

雪よ、降ってくれ。去年は降らなかったねェ。全然降らないんだもん、ええ。今年の夏でも降ってもらいたいね。〽ゆーきやこんこ、あられやこんこ。はい。

アイウエオカキクケコから覚よう

アイウエオカキクケコ。あのね、パピプペポでね、映画の題名、言ってごらん。難しいよ。

一杯飲んで寝ちゃいな

一杯飲んで寝ちゃいな。世の中にこんな平和はなし。飲めない奴《やっ》はかわいそう。円《えん》楽《らく》（五代目三遊亭《さんゆうてい》円楽）はかわいそうだったね。

花見だ 花見だ 花見だァ

花見だ、花見だ、花見だ。夜逃げだ、夜逃げだ、夜逃げだ。何？ 落語じゃねえ？ いや、ほんとにあるんですよ。新宿の俺の家《うち》の下の一階で。一晩でもってね、スーパーがなくなっちゃった。ほんとう。

ネオンと暮らしてごらん

ネオンと暮らしてごらん。これは亡くなったあたしの人生の恩師、田辺《たなべ》茂一《もいち》（紀伊國屋書店創業者）さんに贈ります。

風船おじさんに会いたいね

風船おじさんに会いたい。これを忘れたら日本人の恥だよ。どっかにいる。いるはずですよ。え？　どこにいるの？　北千住《きたせんじゅ》？　嘘つきやがれ、この野郎。

努力とは貧乏人の楽しみ

努力とは貧乏人の楽しみ。こう言うしかしょうがねえもんなァ。努力、女の又《また》に力入れんだってさ。やってみろよ。ほんとは〝奴《やっこ》の力〟ってんだけどな、ま、いいや。

学問は貧乏人の暇潰し

学問は貧乏人の暇潰《ひまつぶ》し。これぞ名言、はい。立川談志、高校一年卒。以上。

屁は出るかネ

屁《へ》は出るかネ。いい屁をしたときの、あの快感ってないね、ええ。こっちゆすり、こっちゆするって、あの小噺《こばなし》思い出すよ。屁、えへへへ、屁。

いい夢を見な…ネ

いい夢を見なネ。こないだね、朝鮮人が「笑点」やってる夢見た。ウケたね、俺。お客もウケたよ。

努力したって無理だ

努力したって無理だよ。無理は無理。どうやったって無理は無理。無理無理無理無

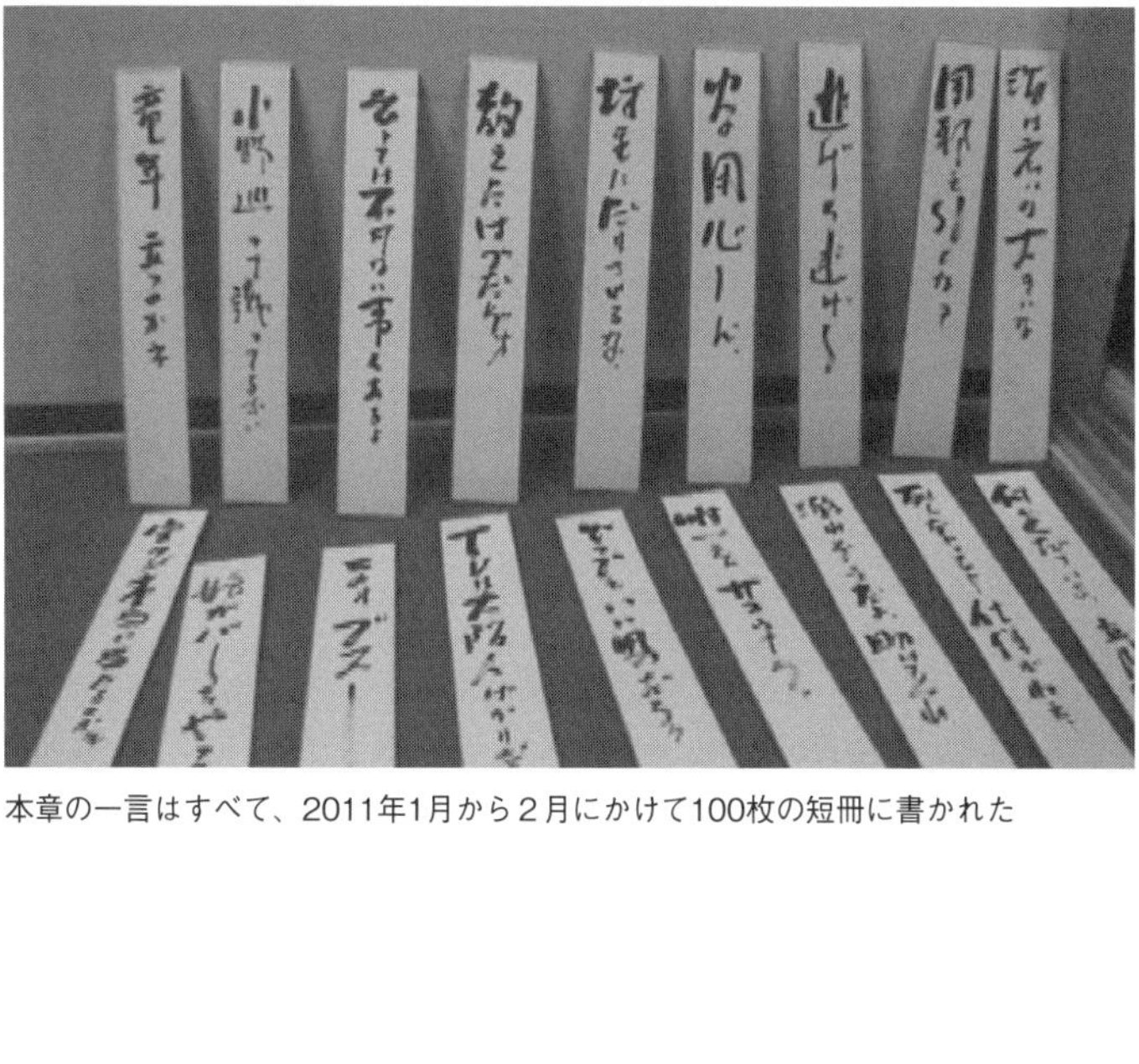

本章の一言はすべて、2011年1月から２月にかけて100枚の短冊に書かれた

理無理無理無理無理。無理はいかが。

寿限無《じゅげむ》寿限無、五劫《ごこう》のすり切れ、海砂利水魚《かいじゃりすいぎょ》の水行末《すいぎょうまつ》雲行末《うんぎょうまつ》、風来末《ふうらいまつ》、食う寝るところに住むとれろれろれろれろれろれろれろ。

正月や今年もあるぞクリスマス。クリスマスどころじゃないよ。下手ァするてえと、来年のクリスマスも一緒に来るかもしれない。何しろ早いもんなァ。夏ごろから言ってんだもん。

どうでも勝手に生きな

どうでも勝手に生きな。これがあたしの生き方。それでこんなんなってる。まだ元気だよ。声さえなんとかなりゃあね、はい。

勝手に生きるべし

勝手に生きるべし。勝手に生きらんない奴は、どっかで宗教に入んなよ。それしか手がないよ。勝手に生きな。難しいよ。

雨が降ったら寝てる事

雨が降ったら寝てる事。だって下手すりゃ、雨が部屋ん中へ入ってきたんですからねエ。今の円蔵《えんぞう》（八代目）の家《うち》なんかそうだったですよ、ええ。寝てらんないんだもん。今寝られるんだよ。寝ときなよ。

蚊に喰われるな

蚊に喰われるな。蚊が喰うところをね、じっと見てたことがある。自分のですよ。グイッと腰を入れるね。瞬間的に喰うのと、いろんな喰い方があるんですよ、ええ。「ボウフラも蚊になるまでの浮き沈み」。

ヒットラーがいたらなァ

ヒットラーがいたらなァ、ええ。ああいう国は最高ですよ。彼に世界を任せたかった。『マインカンプ』読んでつくづくそう思う。

共産党はまだあるのかネ

共産党はまだあるのかネ。俺、ガキの頃から共産党が好きで、徳田球一《とくだきゅういち》（初代日本共産党書記長）のファンだったんだけどネ。共産党。マルクスよ、いずこへ。

トンビがくるりと輪を書いた

「トンビがくるりと輪を書いた」（『夕焼けとんび』の一節）、吉田矢健治《よしだやけんじ》さんです。三橋《みはし》（美智也《みちや》）さんですよ。いなくなっちゃいましたねェ。トンビをもらったんですって。ほんもんのトンビ。〝家元、困っちゃったよ〟って。そりゃそうだよな。

人生成り行き

人生成り行き。何も言うことなし。これがすべて。これ以外、ナシ、ナシ、ナシ。

イースター・パレードは見とくこと

映画のことです。フレッド・アステア、『イースター・パレード』。ジュディ・ガーランドとね。それからもう一つ、『雨に唄えば』、ジーン・ケリー。この二本だけは若者よ、見といてください。

犬殺しっていま居るのかね

犬殺しはね、聞いてみたら、野犬捕獲員ですって。野犬ってのはいるのかね、ねエ。野犬、懐かしいな。そう思いますよ。勝新《かつしん》太郎《たろう》がガキのころ金玉食われたって話があるけどね。野犬。ワオオオオン！

殺したい奴がいたほうがいい

殺したい奴がいたほうがいい。当たり前ですよ。常識で殺さないだけで、ええ。本当に常識で殺してみたいね。狂ったんでなくて。殺したって死刑にならないんですから大丈夫です、はい。

あいつはカモだゲオ

あいつはカモだよ。世の中に〝カモ〟っていますなァ。カモがいるから世の中楽しいんですよ。麻雀《マージャン》、人生、事業、カモね。はい。可もなし不可もなしはダメです。

エジプトで一席やったっけ

エジプトで一席やったっけ。一席じゃないですよ、二席も三席も。いいところですよ。今は何か揉めてるらしいけど、ねェ。ファールーク王様なんてのは、どうしたのかね。吉村《よしむら》（作治《さくじ》）さんは〝一緒に行こう〟って言ってますけどね。行くかな。

いつも一人が楽だな

いつも一人で楽だな。ほんとのこってす。一人でいるとね、何にもすることがない。この歳《とし》になると、せいぜい鼻くそをほじくって、あとなんだろう。寝てる。極楽なり。

チャンと生きなよ

チャンと生きなよ。〝チャンと〟って何なんだろうね。てめえに忠実であればいいのかね。常識なんかどうでもいいのかね。それでもチャンと生きる。自分に忠実にね。大事なことです。

風邪を引くなァ

風邪《かぜ》引くな、ええ。風邪より鳥のインフルエンザのほうが大変かね。いずれにしても、うん、今咳《せき》止め飲んでますよ。風邪じゃないと思うけど。

逃げろ逃げろ

逃げろ逃げろ。逃げ切っちゃえばいいんです。野球だってそうです。代表的なのが小沢一郎《おざわいちろう》です。〝奴は絶対に捕まんない〟って野末陳平《のずえちんぺい》がそう言ってたよ。

切符を買ってくれえ

切符を買ってくれ。そう、ただで旅行するってのは、いいもんねえ。昔は切符、一区間十円ぐらいでしたよ。今いくらすんのかなァ。Ｓｕｉｃａってやつだとわかりませんよね。よく見りゃわかんのかねェ。まあ、いいや、水火《すいか》も辞《じ》せず。

ケツをよく拭くこと

ケツはちゃんと拭《ふ》くこと。ナニ、てめえのうんこじゃないよ。人生のケツ拭け、はい。ちゃんとしとかなきゃ、いけません。金銭、すべてのことに言える言葉です。大事です。てめえのケツは拭いとかなくちゃいけない。自分でね。

暑いですなァ 氷水をくれ

暑いよォー。暑いときは氷水《こおりすい》。変なもの、食わないこと。それもあの、小豆《あずき》でなくて、何ての、あの氷水。ただの氷だけのやつね、ええ。氷小豆なんて贅沢《ぜいたく》ですよ。せいぜい氷いちごまで。

坊主にだまされるな

坊《ぼう》主《ず》丸《まる》儲《もう》け。ほんとにほっとくと、みんな持ってかれちゃうよ、坊主に。まあ税金で落としてくれるっていうけどね。坊主はひどいよ。俺の友だちにいっぱいいるよ、ひどいのが。俺と麻雀やってね、満貫《まんがん》振り込んで、何つったと思う？〝神も仏もねえや〟って言いやがる。これが坊主。

海は広いな大きいな

「海は広いな大きいな、月がのぼるし日が沈む」。唱歌にありました。海運大国だったんですねえ。海へ海へと行った。渡嘉敷《とかしき》の海はきれいですよ。今大丈夫かなァ。もう行けないだろうなァ。

云っては不可ない事もあるよ

云《い》っては不可《いけ》ない事があるよ。そうなんです。しゃべらなければね、その事は無い事なんです。しゃべらなければ。小噺にありますよ。〃白状したか〃〃しない〃〃強情な奴《やつ》だ〃〃五ヵ国語で黙秘権を使いやがる〃。いいジョークだ。

小野巡って識ってるかい

小《お》野《の》巡《めぐる》って識《し》ってる？　識らねえだろうなァ。一昨年（二〇〇九年）亡くなったんです。あたし会ってるんです。巡査だから小野巡。〽月の露営《ろえい》に雁《かり》が鳴く（『音信《たより》はないか』の一節）……、ええ。ヒット曲たくさんありました。そういう古い歌を大事にしましょう。

寿司は回転寿司に限る

寿司は回転寿司にする。これはもう、昔から行ってたんですよ。よく作ってくれました、回転寿司。美味《うま》いよ、ええ。一つ食ってね、五千円払ってた奴がいるけどね。落語家にもいやがる、馬鹿な奴が。冗談言うな。あそこでかっぱ巻きとね、そうねェ、マグロの何かあるじゃないの。本物のマグロじゃないけど、白いの。あんなの食ってりゃ十分。回転寿司、結構。

腹一杯に喰ってます

腹一杯に喰ってるね。腹一杯に喰うことだよ、ええ。せっかくこんな、物のある時分に生きてるんだから。病気のためにね、〝あれを喰っちゃいけねえ、これも喰っちゃいけねえ〟。よしゃあいいんだよ。どっちみち死ぬんだから、喰わせろよ。あとになって悔やんでる奴、知ってる、俺。歌い手でね。

万里の長城の上に立て

万里《ばんり》の長城《ちょうじょう》の上に立て。立った、ええ。ここで村田英雄《むらたひでお》は〝歌を歌いたい〟。歌えるどころの騒ぎじゃないよ。風が強くて。それにしてもすごいね、万里の長城。支那《しな》人にはかなわないよ。

一所懸命汗をかきな

一所懸命汗をかけ。ほんと。だからね、前から言ってたけど、汗をかいて得たお金と、こういう（キーボードを叩《たた》く仕草）計算だけで稼いだお金と、金の色を変えとけばいいんだ、ええ。汗をかいた金、汗をかいて得た金は、貴重です。ほんとに。

嘘つけェー！

嘘ォつけェー！　この言葉、大事な言葉ですよ。世の中ほとんど嘘つきなんだから。その嘘に気が付いてないだけ始末が悪い。嘘の皮を引《ひ》っ剝《ぱ》がす。楽しいですよ。

志ん生とアダチ龍光、東武蔵

志《し》ん生《しょう》、アダチ龍光《りゅうこう》、東《あずま》武《む》蔵《さし》。なんともたまらない、ええ。選べばあたしは、この三人になりますねェ。三人それぞれ、会ってます、聴いてます、尊敬してます。

唐辛子は辛いよネ

唐辛子《とうがらし》は辛《から》いね、ええ。タバスコでうがいする奴がいたけどね。まあ嘘だろうけど

短冊に書かれた一言ごとに、メッセージを収録

ね。唐辛子の甘いのは困る。唐辛子ってのは辛くなくちゃいけない。辛いってのは、いいですよ。甘い親より辛い親のがいいっていうのと同じように。唐辛子は辛い。辛くなくちゃいけない。

天皇陛下万歳

天皇陛下万歳、ええ。北朝鮮行くと、〝金正日万歳《キムジョンイルマンセー》〟と言ってる。〝天皇陛下万歳〟と言って、腹切るような奴はいないのかね。三島《みしま》由紀夫《ゆきお》が懐かしい。

美弥ってバー知ってるの?

「美弥《みや》」ってバー、知ってる? 知ってる人、結構いるけどね。すべてのあたしの遊びの源は、この小さなバーから始まったんです。田辺茂一、吉行《よしゆき》淳《じゅん》之介《のすけ》、ありとあらゆる連中が来てます、はい。懐かしい話がありますよ。ここのバーで、メガホンでディック・ミネが歌を歌ってくれたこともあったしね、はい。

野菜だけ喰ってるバカがいる

野菜だけ喰ってるバカがいる、ええ。何のために肉がある。何のために、よだれを垂らした、宮崎のあの。あれだって食えるんですよ。草なんぞ食ってる奴があるもんか。「菜食主義」だって。知らないよ、俺は。何でも食べなきゃダメ、はい。ロクな死に方しないよ。

世界を見てきな

世界を見てきな。これは言える。家元、見てるよォ。もう中近東からアメリカから、南米から東欧から、北千住《きたせんじゅ》から全部見てますよ。まあ〝全部〟ってのは変だけど。とりあえず、どこでもいいから行ってきな。どっから行く？　大島？　まあ、どこでもいいよ。

火の用心ーん

〝火の用心《ようじ》ーん、さっしゃーりやしょー〟、子供のときからやりましたよ。〝米英撃滅《べいえいげきめつ》火の用心、撃ちてし止《や》まん火の用心〟とかね。「火の用心」にもいろんな言葉、時代時代にあるんです。あたしんとこ下町だから、回ってきますよ。〝どう？〟ったら、〝終わって飲むのが楽しみ〟なんだって。結構なこっちゃ。

教えたはずだがネェ

教えたはずだがねェ。教えたって、わかんない奴はわかんない、ええ。馬鹿はどこまでいっても馬鹿だからしょうがない。教えたんだよ。俺も教わったんだよ、はい。教え、教わり。だけどその教え方、価値観が違った奴に教えたってダメだけどね。

宝クジ本当に当たるのかネ

宝クジって本当に当たるのかネ。当たるんだよ。俺のマネージャーが昔、百万円当てたよ。〝買っておかなきゃ当たらない〟って言った人がいるけど。「買わぬクジに当たりなし」、そりゃそうだ。買わなきゃダメ。買わなけりゃ絶対に当たらない。買えば当たるかもしれない、ええ。お年玉（付き年賀）はがきだって、なかなか当たらないけどね。

何かくださいよ　立川談志

何かくださいよ。これあたしの了見《りょうけん》。会うとね、〝何かくださいよ〟。三木《みき》のり平《へい》の伜《せがれ》が、そうだった。のり一《かず》（小林《こばやし》のり一）。会うと〝何かくださいよ〟。いなくなっちゃったね、どうしたのかね、おい、のり一。会ったら言うよ、〝何かくださいよ〟。何でもいいよ。ゴキブリは、やだけどね。

このブスー

このブス。アフリカでね、黒人と一緒になってる日本人がいた。生意気でいろんなこと言いやがる。俺が文句言ったら、娘が言ったよ。〝パパ、なんか言ってもダメ。相手はブスなんだから〟っつった。道を聞くなら美人に聞きな。

死んじゃっちゃ仕様がねェ

死んじゃっちゃ、仕様がねえ。真理だねェ。生きてるうちが花。俺はもうすぐ死ぬんだろうけど、死んだらお終《しま》い、ええ。〝死ぬ、死ぬ〟なんつってるのと違うからね。うちの弟子も死んじゃったのがいる、かわいそうに。死ぬまで。死んじゃダメ。

TVは大阪人ばかりだ

TVは大阪ばかり。昔はねェ、大阪から来て東京弁に慣れる、流行に慣れる。随分苦労したって言ってましたよ。紳助《しんすけ》（島田《しまだ》紳助）なんかは、そう言ってましたけどね。もうすっかり、みんな大阪になっちゃった。大阪を首都にしましょう。

溺れそうだよ、助けてくれ

〝溺《おぼ》れそうだよ。助けてくれ〟っての、ええ。俺、実際に、溺れてる円楽（五代目）とね、内藤陳《ないとうちん》ってのを助けたことがあるけど。難しいんだよ。溺れる。人生のいろんなことに、溺れちゃうんだよ。まあ女に溺れてるうちはいいけどね。

どうでえいい男だろう

どうでえ、いい男だろう。いい男。いい男になんなくちゃいけないんだよ。お面《つら》つきじゃないよ。了見。いい男。いい女いない？

唯一言サヨウナラ

唯一言《ただひとこと》、サヨウナラ。さいなら、あばよ、アデュー、ねェ。とにかく、別れの一言。別れの一言、言えれば立派。言えないねェ。みんなグズグズ、グズグズ。グズグズなし崩しに別れちゃう。さようなら。特攻隊は立派だった。

朝顔は咲いたかね

朝顔咲いた。あのねェ、うちは下町だからねェ、ずうっと朝顔、咲いてんの。俺、昔ねェ、ポーランドからね、朝顔買ってきたの、種を。すごいの、その咲き方。翌年からパタッと咲かなくなっちゃった。あれ、何だったんだろうね。場所があんのかね。朝顔って、さわやかだね。

談志が死んだ　旦那がなんだ

「談志が死んだ」「旦那《だんな》がなんだ」「私負けましたわ」「きつつきが鳴くぞのぞくなかきつづき」、これ回文《かいぶん》っていうの。上から読んでも下から読んでも同《おな》んなじね。こんなのやってるとね、夜寝るのにいいよ。頭の体操に。はい、やってごらん。

円楽の野郎どうしやがったろう

円楽（五代目）の野郎、どうしやがったんだろうね。〝死んだ〟って話があんだけど、嘘だと思うよ。〝嘘つきの円楽〟ったんだから。あいつと一緒に見た最初の映画、『リラの門』、よかったなァ。ピエール・ブラッスール。これは歌い手。ダニー・カレル、可愛《かわい》かった。もう一人、お前に任せる。

歯が悪いと屁が出ない

歯が悪いと屁が出ない。ほんとだよ。俺は歯がいいからブーブー屁が出る。屁が出るようでなきゃダメだ。なんぞってえと、ブーッと一発。勝《かつ》小吉《こきち》を見習え。いい屁がでなきゃダメ。

都電を増やしてくれ

都電を増やしてくれ。今日ニュース見たら、銀座に都電を走らせるって計画があるらしいね。そこまで生きていたいね。都電。「電車」ったら「都電」のことだったんですよ。昔で言う、「市電《しでん》」ね。懐かしいなァ、うちの前を通ってたんですよ。新幹線が止まってもね、雪でね、都電は走ってたって話がある。ほんとですよ。

飛んで火に入る夏の虫

飛んで火に入る夏の虫、ええ。夏の虫も飛んで火に入んなくなっちゃったね。だいたい今、火が焚《た》けないからね。〝あたしどうも自分が蛾《が》になったような気がするんですけど、先生〟〝ああいけませんねェ。だけどうちは小児科ですよ。それは精神科へ行ったほうがいいんじゃないですか。なんでうちに来たんですか〟〝ええ、とりあえずおたくに明かりがついてましたから〟。いいジョーク。

サル又が燃えてるぞォ

サル又《また》が燃えてるぞォ。こりゃ熱いよー。サル又が燃える。シャツが燃えるのは驚かないけど、サル又が燃えちゃいけない。金玉の身になってくれよ。何が世の中大事だって、金玉が一番大事です。それが燃えちゃいけない。「サル又を燃やすな」、民主党、これをスローガンにしろ。

娘がバーをやってるんだけど、

娘がバーをやってる。銀座でね。ほんとなんです。今度、〝並木通りへ越す〟って言いますけどね。行ってやってくれませんか。これは洒落《しゃれ》ではなく、お願いします。「バー」ったって、たかが知れてるけどね。そうでないんだ。ぶったぎりバー。ぼるバー。ボルバーって奴に会ったことない？

俺オレおれだ！

俺、オレ、おれだよ。知ってる？　立川談志っての、ええ。今、あの舞《まい》の海《うみ》がね、まあ仕事がなくなって、(年寄《としより》)株持ってなかったから。それで俺、舞の海を連れて、〝心配ない。みんなお前知ってるから〟って、〝ほんとですか〟。街歩きながら〝オレ知ってる？〟〝談志さん〟〝そう〟、〝オレ知ってる？〟〝談志さん〟〝そう〟、〝こいつ知ってる？〟〝舞の海さん〟。〝ほうら見ろ、知ってるじゃないか〟。これ、ほんとの話なんだよ、ええ。大好きなの、舞の海が。

竜年立つのかネ

竜年《たつどし》、立つのかネ。「たちあがれ日本」、どうしたい、一人いなくなっちゃったけど。応援に行かなくてよかった。辰《たつ》、竜《りゅう》。いないねェ。タツノオトシゴはいるけれど。辰、竜。〝りゅうちゃん〟ってのは、どうしたかね。うちの親類にいるけれど。

ネオンは焼けないから身体にいい

ネオンは焼けないから身体にいい。これは俺の作った名言。陽にあたるから、体が焼けちゃうんですから。あれ一番、体に毒ですよ。ネオンは焼けないよ。ネオンはいいよ。ネオンほどいいものはない！

夜が来るよ いいネ

夜が来るよ。夜はいいネ。あの冬至って言うんですか、〝昼間が一番短いとき〟だ。これ日本流。フランス流に言わせると〝夜が一番長い日〟。洒落《しゃれ》てるね、やっぱり。ものの考え方がね。〽夜がまた来る、思い出つれて（『さすらい』の一節）……ですか。旭《あきら》（小林《こばやし》旭）。夜が来る。夜が来るぞォー。

自然に逆らうなよ

読める？ 自然に逆らうな。まったくその通り。自然に逆らって、ロクなことはない、ええ。自然に逆らうんじゃないよ。ロケットなんて上げんじゃないよ。無理だよ、よしたほうがいいよ。お天道様、下から見て、〝ウサギさんが餅《もち》をついてる〟、あれがいいの。あれを見てるのを、「自然」と言う。自然。自然を壊すとロクなことはない。自然を大事にしなくちゃ。人間も自然に暮らしてりゃいい。

もう半年たったのかぁ

もう半年たったのかねェ。早いねェ。人間なんてなァ〝今日は死なない〟と思ってんだろ？　明日は死なない。十日後も死なない。ひと月も死なない。今年は死なない。来年は死なない。思ってるうちに、必ず死ぬんだよ。もう半年たったのか。感無量の言葉。

子供に落語を聞かせよう

子供に落語を聞かせろ。落語には、人生のありとあらゆる不条理なことが入ってますからねェ。聞かせなきゃいけません。今、落語でも、本で教えてるって言いますけどね。立川談志の落語を聞かせるといいんだけどなァ。声が出なくなっちゃって。昔、俺の落語を聞いた中学生が〝上手《うま》い！〟って言いやがる。上手いんだよ。落語、人生のありとあらゆる不条理な、負の部分が入ってるんですよ。

地下鉄が地上を走ってらァ

地下鉄が地上を走ってんだよ。昔はねェ、地下鉄ってのは、あの渋谷んとこ、浅草線ですか、あそこしか走ってなかったの。今平気で走ってやがる。〝何が地下鉄だ〟って言いたくなるね。変な言葉ですよ。地下鉄、メトロ、サブウェイ。

ヤキモチって今あるのかネ

ヤキモチって今あるのかネ。ないんじゃないの？ 嫉妬《しっと》。〝あの人あたしにヤキモチ焼いてんの〟って、いい言葉だよなァ。今ないもん。下手《へた》すりゃ、〝ヤキモチ焼いてるか、焼いてないか、往復はがきで返事くれ〟なんて言う。〝○×式でいいわ〟なんて、そんなの出てくる。ヤキモチ、悋気《りんき》、嫉妬、ジェラシー。いい言葉です。

先妻はどうしてる

先妻はどうしてる。これ、死んだ赤塚不二夫《あかつかふじお》。元の女房と今の女房。元の女房のこと、〝元女《もとにょう》〟だってさ。元女も死んじゃったんだよなァ。いや〝今女《いまにょう》〟が死んじゃったんだ。かわいそうになァ。あいつも死んじゃったけど、ええ。〝元女〟だってさ。

先妻はどうしてるか。戦災孤児はどうしてるか。

＊二〇一一年一月二十日、二月三日、自宅にて収録。本章に収載した百枚を含め、揮毫《きごう》した短冊は三百六十六枚（一年分）あり、揮毫と声のメッセージを組み合わせた動画が「日めくりのつもり」（一ヵ月一巻、全十二巻）として「談志市場」で二〇一一年四月十四日より配信。関連情報は１５３ページ。

＊本書の購入者は「日めくりのつもり」全巻を視聴可能。詳細は１５７ページ。

立川談志の会

羽団扇《はうちわ》

これで声さえ出りゃ何にも言うことはないんですがね。体は元気だし、夜はよく寝てるし。今日も十二時くらいまで寝てました。だから十一時間寝てんのかな。あとは声だけです、くどいようだけど。

考えてみると、俺が噺家《はなしか》になって、真打ちになったとき、まだ志《し》の輔《すけ》は生まれてないのかもしれない。そういうふうに考えてみると、ずいぶん古くなっちゃって。

まあ今日もなんとか務めます。ありがたいと思ってますよ。

暇だから、家《うち》にいると落語の稽古《けいこ》をしてるよ。女房相手に『火事息子《かじむすこ》』一席演《や》っちゃったりね。贅沢《ぜいたく》と言えば贅沢なもんだね。そんなもんかもしれませんけどね。

もうジョークもさんざん言っちゃったから、てめえで飽きちゃって、もうやる気にならなくなっちゃった。この間も、恥ずかしいけど小朝《こあさ》（春風亭《しゅんぷうてい》小朝）が考えたジョーク、考えたというより拾ってきたジョークですけど、これをＮＨＫで一つだけやりました。〃ハリウッドの羊がフィルムを食ってる〃って話で、
「美味《うま》いかい？」と言ったら、

「原作のほうが美味かった」

という、とてもよくできたジョークです。


昔はお正月二日になるってえと、宝船、お宝というのを売りに来たそうです。駿河《するが》半紙《ばんし》に七福神《しちふくじん》の宝船が書いてある。これを枕《まくら》の下に敷いて寝ると、いい夢を見る。これを俗に初夢と言ったそうですな。ですから、初夢ってのは普通だったら一日《ついたち》に見る夢だと思うけど、そうじゃないんですね。二日なんですね。昔の話ですけど、さすがに一日だけは連れ込み旅館がやってなかったです。〃えらいもんだな、伝統を守ってるな〃と思った。

それから、二日の晩を「ひめはじめ」と言いますね。ひめはじめは「秘めごと」の始まりとか、または「姫」、女との始まりとか、いろんな意見があったらしくて。川柳は偉いね、「やかましや　するにしておけ姫始め」、何でもいいじゃねえか、やりゃ

あいいんだ、という。

「今帰った」

「遅かったじゃないの」

「うん」

「〝うん〟じゃないわよ、どこ行ってたの」

「〝どこ行った〟って、正月だから年始に行ったんだ。おめえだって知ってるじゃねえか」

「知ってるけどさ、こんなに遅くなるとは思わないもの」

「そりゃしょうがねえや。こっちはいける口だからな。〝下戸《げこ》の礼、赤坂四谷麴町《あかさかよつやこうじまち》〟」

「何それ」

「いや、飲めない奴《やつ》は次から次へと行けるけど、こっちはなかなか行けない。〝こんちは〟〝おめでとう〟〝さよなら〟ってわけにはいかねえ。〝まあ上がれ〟ってことになりゃ一杯飲むわな。飲んだりやったりして、春を祝って、そこにある御節《せっち》もんつまんだり、それが時間食って、ほんの数軒くらいしか回れなくて帰ってきたってわけだ。それで、眠いから、腹も一杯《くち》いし。もう飲めないから、俺飲んで寝るよ」

「ああそう、床《とこ》を取ってあるからおやすみ。はいはい。ああ、それからお前さん、七福神のお宝が枕の下に敷いてあるから、いい夢をご覧」

「いい夢ってどんな夢だ」

「昔から言うじゃない。〝一《いち》富士《ふじ》二《に》鷹《たか》三《さん》なすび〟って」

「ああ、そうか。じゃあ富士の山に登って、鷹捕まえて、茄子《なす》食ってる夢を……」

「馬鹿なことを言わなくていいから。それからお前さん、夢を見たら、お互いに話しっこしようじゃない。〝私はこんな夢を見た〟〝あんな夢を見た〟って」


ちなみに俺は昨日、朝鮮人が「笑点」やってる夢を見たけどね。本当なんだよ。ナンダカワカンナイ。


「だから、悪い夢を見たっていいのよ。〝凶は吉に帰る〟って言うから、気にすることはないんだから。お互いに話をしよう。約束。指切りげんまん。いいね？」

「わかった。わかったよ。わかった、わかった……」

「ちょいと、ちょいと」

「グゥ〜〜〜」

「もう寝ちゃった。早いね。酔ってると、あんなもんなのかな。え？　何？　何か言った？　……寝言だ。どんな顔して寝言を言ってるのか、見てこよう。

ああ、すっかりよく寝てる。鼻から提灯《ちょうちん》出したり引っ込めたりして。また出てきた、また引っ込んだ。今度は二つ出てきた、また引っ込んだ。何だろう、この人は。お祭か夕立か何かに遭《あ》った夢でも見てるのかね。提灯出したり引っ込めたりして。あっ、夢だ……。

ちょいと起きてお前さん、ちょいと起きて」

「何だ、何だ、何だ」

「夢見てたろ？」

「見ない」

「見てたよ」

「見ないよ、俺は」

「だって鼻から提灯出したり引っ込めたりしてたよ。お祭か夕立に遭った夢見てたろ？」

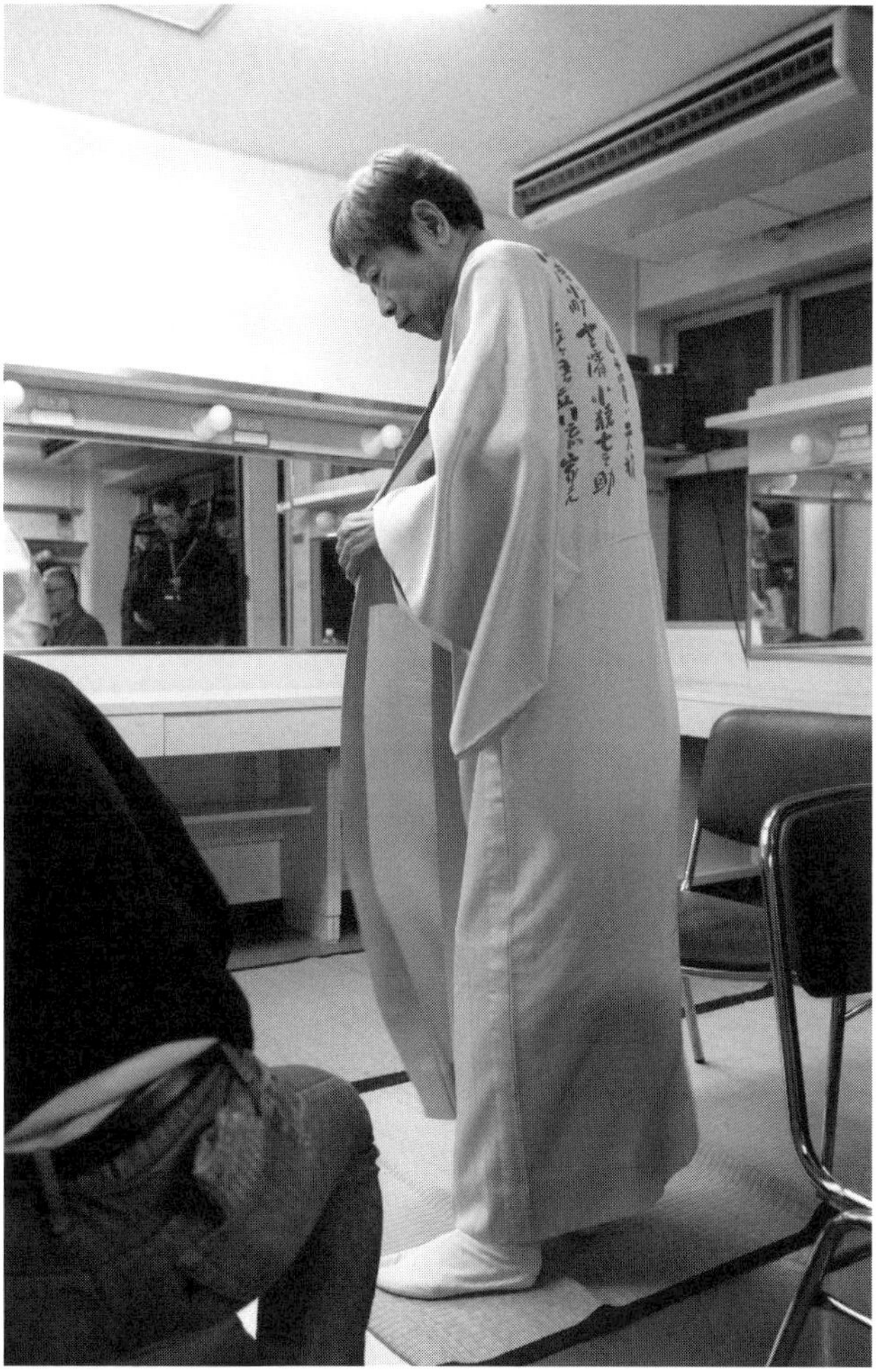

新宿・紀伊國屋ホールの楽屋で。2011年1月18日「立川談志の会」

「見やしねえよ。寝たばっかりで起こされて、どうやって夢見るんだい」

「だけどさァ、……ああ、そう。じゃあ私に言えないような、いやらしい夢を見たのね」

「どうしてそういうことを、お前言うの。いびきをかいたかどうか知らねえけど、寝たばっかりじゃねえか、馬鹿野郎。いい加減にしろ、この野郎」

「開けろ、開けろ」

「へい、いらっしゃい。何ですか？」

「いいや、別に。なんという用はない。貴様の家の前を通ったら、今、夫婦喧嘩《げんか》の様子だ。春早々夫婦喧嘩。〝夫婦喧嘩は犬も食わぬ〟と言うくらいだ。やめたほうがよかろう」

「へい、どうもすいません。

見ろ、馬鹿野郎。てめえが何か言うから、表ェ通る人に咎《とが》められちゃった。

へい、ま、どうぞどうぞ。いえ、別にどうってことはないんですよ。家《うち》へ帰ってきて、〝寝たら夢を見る、夢を見たらお互いに話をしよう〟という約束をしたんです。

あっしはまだ夢も何も、寝に入る前にいきなり起こしやがって〝夢見たから話せ〟。

見てねえものは、話せねえじゃねえか。でしょ？　それからあんまりしつこく、〝変な夢を見た〟とか、〝どうのこうの〟と言いやがるから、〝馬鹿野郎〟と怒鳴っちゃったんですよ」

「ああ、そうか、なんだそんなことか。これは俺としたことが粗忽《そこつ》だったな。ああ、奥さんか、細君か、かみさんか。どうした？　何か無理なことを……」

「いらっしゃいませ。いいえ、無理でも何でもないんですよ。見てるんですよ。証拠があるんですから」

「証拠がある？　ほう。証拠があると言われると、これは困るな。そりゃあ、お前さんが悪いよ。話してやんなさい。わしも一緒に聞くから、話しなさい。おい」

「何だ、この野郎。〝おい〟とは何だ、〝おい〟とは。てめえに〝おい〟と言われる筋合いがどこにあるんだ、馬鹿野郎。何言ってやがんだ、こん畜生《ちくしょう》」

「貴様、〝仲裁は時の氏神《うじがみ》〟と言う」

「何が〝氏神〟だ、この蛆虫《うじむし》、蛆虫」

「仲裁に向かって、蛆虫とは何だ」

「〝何だ〟？　何だもへったくれもあるか、この野郎。しゃべれねえよ。見てねえし」

「まだ強情を」

「見てないものは見てない。どうすりゃいいんだ」

「こうするだけの話だ」

襟髪《えりがみ》つかまれて、ズルズルと表へ引きずり出されて、ひょいと持ち上げられた。あとは気が付かない。わかんなくなっちゃった。

ストーンと降りたところ、

「あれ、妙なところに降りたね、ここは。シーンとしてやがる。何だい。何なんだ、ここは。林ん中みたいだけど、どこだろう」

「鞍馬山《くらまやま》だ」

「鞍馬山？　ああ、そういえば、ニョキニョキニョキニョキ杉の木があって……。鞍馬山へ何であっしが来たんですかね？」

「俺が連れてきたんだ」

「どっかで何か言ってますね。誰です？」

「杉の上を見ろ。三本杉の上を見ろ」

杉の上を見る。

「あっ、あなた天狗《てんぐ》様、天狗様がここへ連れてきた」

「そう」

「天狗様だと羽が……、あなたまだ羽がないじゃないですか」

「羽か。羽で飛ぶのは天狗の前座だ」

「天狗にも、前座とか真打ちとかあるんですか？」

「ある。今度、キウイを真打ちにする」

「勘弁してもらいてえなァ……。じゃあどうやって、ここまで来たんですか？」

「これを見ろ。これは天狗の羽団扇と言ってな、これでスゥーッと仰ぐとな、俺の体が浮いて……」

「ああ、なるほど。飛びますね、飛ぶね。飛んだ、飛んだ、飛んだ。ああ飛んだ」

「どうだ、見たか」

「偉いもんですねェ。天狗の羽団扇ですか。団扇みたいですが違うんですね」

「普通の団扇と比べられてたまるか」

「それで、どうします？」

「〝どうします〟って、話を聞きに連れてきた。どんな話をした？　女房にも言えないような面白い話らしいな、え？　どんな話だ？　覚醒剤を打った話か？　それとも……」

「いえ、見ないものは見ないですよ」

「〝見ないものは見ない〟って、見ないことはないだろう。女房が〝証拠がある〟と言っておった。どうしても話さないとなると、貴様、ただじゃおかんぞ」

「どういうことになります？」

「天狗の八つ裂きにしてやる」

「八つ裂きは勘弁してもらいたいねェ」

「駄目か。ならば七つ裂きでどうだ。〝お江戸日本橋七つ裂き〟ってのはどうだ」

「天狗でも洒落《しゃれ》を言うんですか、ほォー」

「見たのか、見ないのか」

「見ました」

「ほれ見ろ。見たろう。何の夢だ」

「花火の夢です、ええ」

「いやァ、そうか。淀川《よど》の花火は見たことがあるが、お前のは？」

「江戸の両国《りょうごく》の花開き。結構なもんですよ、にぎやかで。……」

「どうした、どうかしたのか」

「しゃべりにくいんですがね」

「何が」

「〝何が〟ったって、噺家だって講釈師だって、何か扇子持《こんなもの》ってるじゃないですか。それがないと、なんとなくしゃべりにくいんで、何かその代わりになるもの、ありませんか？」

「そんなもの、あるか。そこにある杉っ葉か何かでやれ」

「杉っ葉じゃ話にならないよ」

「じゃ、割りばし」

「その羽団扇を貸してください」

「馬鹿なことを言う。これはお前、素人の使うもんじゃない。天狗が使うもの」

「だから、動かさなきゃいいんでしょう。動かしませんから、ちょいと貸して。……ああ、なるほど、立派なもんですね。これを動かすと……」

「ほォら見ろ、体が浮くじゃねえか。だからよせって」

「ああ、なるほど。スゥーッ、スゥーッ」

「よしな、よしな。危ないからよせってんだ、馬鹿。……どんな話だ?」

「そりゃあすごいもんですよ。とにかくね、〝両国で川を失う花火かな〟と言ってね、一杯の船が両国隅田川《すみだがわ》を埋め尽くしちゃうんですから。屋形《やかた》、屋根船、しるこぼし(屋形船の一種)、そのあいだを売ろ売ろ船が物を売りに来る。こっちのほうじゃ三《しゃ》味線《みせん》弾いて、芸者を周りに侍《はべ》らして、太鼓は叩く三味線は弾く、声色《こわいろ》使いが来る。三味線を弾かせて踊ったり騒いだりする連中がいて、こっちのほうじゃ〝玉屋《たまや》ァー〟〝鍵屋《かぎや》ァー〟、スポーン、スポーンと花火が上がる。三味線弾いてる奴は陽気なもんですから、シチャラカチャンチャン、ツンチンツンてなもんでね、ツッチンチリンツ、トッチャンチャン。シチャラカチャンチャン、ツンチンツン。ツッチンチリンツ……(羽団扇で扇《あお》ぐ)」

「おいおい、危ない危ない、よせ。よせよ。降りてこいよ」

「〝降りてこい〟ったってそうはいかないよ。シチャラカチャンチャン、ツンチンツン。ツッチンチリンツ……」

立川平林、松元ヒロ、立川談笑のあと、仲入りを挟んで登場。2011年1月18日「立川談志の会」

「おーい、降りてこい」

「何だ、小さくなって。ざまァみやがれ。ありがてえねェ。いいものを取りあげたね。これさえありゃこっちはもう、大願成就《ていがんじょうじゅ》だね。何でかって言うと、うちの女房の奴、〝お前さんはどこにも連れていってくれないから、たまにはどこかに一緒に連れてってくれ〟って。よしよし。今までなら〝そうはいかねえ〟って言ったけど、〝俺の腰でも肩でもつかまれ。そうすりゃどこでも連れてってやるから〟ってんでな、どこにでも行けんだ。いいものが手に入ったね。これだからたまらない。知恵ってのは、生きてるうちに使わなくちゃ。シチャラカチャンチャン、ツンチンツン。ツッチンチリンツ、トッチャンチャン。シチャラカチャンチャン、ツンチンツン。ツッチンチリンツ、トッチャンチャン」

やってるうちに、森の上かと思ってひょいと下を見るってえと、いつの間にか海の上へ出た。真っ青な海がズイーッと。〝しまった〟と思って小手《こて》が緩るんで羽団扇を取り落としたからたまらない。上からストーンと落ちた。

「おい、妙な音がしたぞ、誰か見てこいよ。おい、弁天《べんてん》、見てこい」

「人間が降ってきたよ」

「人間が？　そんな天気予報じゃなかったけどなァ。ああ、そう。用を聞いてみろ」

「おい、大丈夫か？」

「シチャラカチャンチャン、ツンチンツン」

「何？」

「ツッチンチリンツ、トッチャンチャン」

「しっかりしろ、おい。何を言ってるんだ。しっかりしろ、おい」

「何で俺はここに居るんです？」

「お前、上から落っこってきたじゃねえか。落っこってきたところが、ちょうど俺の乗ってる船の上だ」

「ああ、運がいいんだ。船の上だ。きれいな船ですね。何の船です？」

「宝船だよ」

「宝船？　何でここに、宝船があるんで？」

「今日は正月の二日だからな、七福神が集まって宴会をしているところだ」

「あら、七福神が集まって宴会をしているんですか。はァ、いいところに落ちましたね。すみませんが、あっしも仲間に入れてくれませんか」

「お前がか？　仲間に入れてやってもいいけど、何か芸ができないかな。踊りを踊るとかな、歌を歌うとか、笛を吹くとか。もう正月の宴会もネタがなくなっちゃってな。必ず弁天の琵琶《びわ》、あとは毘沙門《びしゃもん》の踊り。危なくてしょうがない。何かねえかな。布袋《ほてい》は座ってるだけだし。お前が一杯飲んで、芸でもやって」

「一杯飲めりゃ、何でもしますから。そうですか、ありがとう。

あ、どうも皆さん。ありがとうございます。そうですか。皆さんのおかげで助かりました。いいところに落ちました。そうですか、それじゃさっそく、おめでたく一杯ちょうだいをして」

「おいおい、よせよ。酒を飲むんじゃない。芸をやってから飲め」

「〝芸をやってから〟ったって、ちょいとね飲まないと、気勢が上がりませんから。すいませんが、一杯飲ませてくれませんか」

「一杯飲ませりゃ芸をやるのか」

「飲みゃあ芸をやりますから。すみませんがこれを。……ああ、そうですか、大黒様《だいこくさま》のお酌で恐れ入ります。ありがとうございます。結構でございますな。大黒様のお酌で飲めるなんて、俺ぐらいのもんだ。どうも。……すみませんが、もう一杯いただいて……ありがとうございます。肴《さかな》は何があるんですか？　え？　鯛《たい》？　これ、恵比寿《えびす》様が釣った鯛？　恵比寿様は鯛だけですか？　ビールも飲む？　ああ、なるほど。そういうわけですか。ありがとうございます。ちょっと待ってください。今度は弁天様についでもらおう。弁天様にお酌なんぞされた奴はいないと思いますから。〝生きた弁天様〟って言いますが、本当に生きてるんですからね。すごいこってすよ。ありがとうございます。だいぶいい心持ちです。今晩どこか行きましょう」

「馬鹿野郎、この野郎。弁天を口説《くど》く奴があるか」

「そうですか、わかりました。それじゃ、これを飲んで……。ぅん、ぅん、ぅん……おかげさまでいい気持ちになりました。それではすみません、おやすみなさい」

「おいおい、この野郎、寝ちまいやがった。タチのよくない奴だな。起こしてやんなさい。いや、毘沙門じゃ駄目。弁天のほうがいいから。弁天、起こしなさい」

「わかりました。

ちょいとあなた、あなた、ここで寝ますと潮風が身にしみますよ。起きてくださいな。起きて。

ちょいとお前さん、起きて。起きなよ」

「わかったよ。〝かっぽれ〟踊るから」

「何でここで〝かっぽれ〟踊るの」

「いや、歌を歌って……」

「どうしたの？」

「〝どうしたの〟って……」

「まさか『夢金《ゆめきん》』に入るんじゃないだろうね？　『芝浜《しばはま》』へ入るの？」

「何か言うんじゃないよ。待ってくれよ、待ってくれよ、待ってくれよ」

「わかった、じゃあ思い出すまでにね、私が吸い付け煙草《たばこ》で」

「ありがとう。……ああ、思い出した。いい夢を見たよ」

「どんな夢？」

「七福神の宝船の夢」

「何でそういうことになったの？」

「何だか知らないけどな、俺が年始から帰ってくるってえと、おめえが〝寝たら夢の話をする約束をしよう〟。おめえ、俺が寝てほんのわずかで起こしやがった」

「あたし、起こしてないわよ」

「いや、夢の話なんだ。それでね、〝何か変な夢を見ただろう〟ってお前が言うんだ。俺はそんな夢見てねえ。〝見た〟〝見ねえ〟って言うと、表から人が入ってきた。この野郎が天狗なんだ。天狗に〝話を聞かせろ〟と言われても、こっちは見てねえんだから話なんぞできない。〝できなきゃできないでいい。こっちへ来い〟と、天狗にウワーッてんで、高いところへ吊《つ》るされて」

「どうしたの？　大丈夫？」

「夢ん中だから大丈夫。そのうちにストーンと落ちたのが鞍馬山、な。〝夢の話をしろ〟って言うから、俺は嘘《うそ》をついてよ、〝花火の夢を見た〟って。〝それにしても、話をするのには扇子や何かなくちゃいけない〟ってね、野郎をだまして羽団扇ってのを俺取ってよ、〝シチャラカチャンチャン、ツンチンツン〟って舞い上がった」

「すごーい」

「何が〝すごい〟だ、馬鹿野郎。そのうちに小手を外したからたまらない。海ん中へストーンと落っこって」

「大丈夫？」

「いちいち反応するんじゃないよ。夢ん中なんだから。それがお前、いい塩梅《あんばい》に七福神の宝船の上へストーンと落っこったんだ」

「ああ、そう。よかったわね」

「よかったよ、お前。それが豪儀《ごうぎ》なもんだ、七福神がそろってやがってな。〝何か芸をやれ〟って言うから〝それじゃ芸をやります〟って、俺はちょいと勝手吹いて、〝その前に飲ませろ〟と言って飲んで、いい気持ちで芸をやらないで寝ちゃって、今お前に起こされたんだ。本当は弁天が起こしたんだ。起きたらお前の顔がそこにある。だから、お前を弁天様と間違えた」

「まあ、間違いでもうれしいね」

「そう言ってくれりゃありがてえや。まァまァ、そういうこった」

「そうするってえと、何だね。春早々、七福神に囲まれてお酒を飲んだのね。偉いわね。いい夢だ」

「いい夢だ。日本一の夢だ」

「そう。七福神がそろったの？」

「そろったんだ。恵比寿、大黒、毘沙門、弁天、布袋、福禄《ふくろく》とな」

「ちょいと待って。それじゃ六福神だよ」

『羽団扇』を演じる。この日は一席の予定だったが、このあと、下がりはじめた緞帳（どんちょう）を途中で止めさせ、『落語チャンチャカチャン』を披露した

「何だ、この野郎、人の見た夢に因縁つける奴があるか、馬鹿野郎。七福神じゃねえか」

「そう？」

「そうじゃねえか」

「だって」

「いいか、恵比寿、大黒、毘沙門、弁天、布袋、福禄……。恵比寿、大黒、毘沙門、弁天、布袋、福禄」

「そォれ、ご覧。一福《いっぷく》足りないよ。どうしたの？」

「ああ、一福（一服）は、吸いつけたばこで飲んでしまった」

以上でございます。

（追い出し太鼓）

ちょっと早いか（客席から大きな拍手）。

うーん。それじゃ『落語チャンチャカチャン』でもやって、お終《しま》いにするかな。

前のより長くなったね、いくらかね。

落語チャンチャカチャン

「こんちは」

「誰だ？」

「私は誰でしょう」

「くだらないこと言ってやがる。見たところ与太郎《よたろう》だな」

「見なくても与太郎です」

「与太郎だってやがる、ボーッとして。二十歳《はたち》にもなって遊んでる奴があるか」

「ハタチ？」

「そうだよ」

「あたいがハタチか？」

「そうだよ」

「来年は二十《にじゅう》……」

「〝ニジュウ〟って奴がいるか。二十のことを〝ハタチ〟と言うんだ」

「そうすると来年は、ハタチイチか」

「くだらないことを言うんじゃないよ。口を開《あ》けてやがって、馬鹿野郎」

「口を閉めると息ができないよ」

「鼻でしろ、鼻で」

「鼻でか。……おお、できるな」

「大丈夫か、この野郎。遊んでるばかりが能じゃねえ。仕事をしろ、仕事を」

「仕事なんぞロクなことない。労働は愚なり」

「生意気なことを言いやがる、この野郎。仕事をしなきゃいけない。遊んでいるんだろ？　お前」

「遊んでないよ。空ァ眺めたり、お月さん見たりね。それから、花を見たり、お月さん見て〝道具屋お月さん見て跳ねる〟なんて言ったりなんかするんだよ」

「この野郎、ネタをつかみこみやがって、馬鹿野郎。それを〝遊んでる〟ってんだよ」

「いいじゃねえか、俺が〝いい〟っつってんだもの」

「お前が〝いい〟と言ったって、おっ母《か》さんがどう思うか」

「おっ母さんは、あれはあれでいいんだい。あたいが働かないと、どうなんの？」

「おじさんが困るじゃねえか」

「おじさんが困るために、あたいが働くの？」

「余計なことをいちいち言うな、この野郎。いいからそこにある太鼓を売ってこい。市《いち》で仕入れてきたんだから、目いっぱいで売ってくるんだぞ」

「汚《きたね》え太鼓だ」

「てめえに買ってきたんじゃねえ。汚えと思ったなら掃除しろ、掃除を。ハタキ掛けろ」

「ハタキ掛けて……、こんなの買ってきて、売れるのかね。ドンドン、ドンドン、ドン」

「お前のおもちゃに買ってきたんじゃないよ」

「許せよ」

「ほォら見ろ、こういうことになった。

……手前で叩《たた》いたんですがね、実はここに居る馬鹿でございます。目を見てください。馬鹿目と言って、おみおつけのおかずにしかならないんですから。こういう奴ですから、どうぞ気にしないで。

馬鹿野郎、俺が咎められちゃうから、早く持って、行ってこい」

「わかりました。行ってきます。驚いたね、まさか道具屋になるとは思わなかったね。

……大家さァん」

「何だ」

「太鼓を買ってもらいたいんです」

「太鼓？　俺のところは太鼓どころじゃねえ。今〝らくだが死んだ〟ってんで大騒ぎになってる。おまけに〝庭から黄金《きん》の大黒《だいこく》様が出た〟ってんでな、〝めでたいから一つ花見をやろう〟ってんで、みんなを呼びにやったんだ。みんな来ると思うよ」

「おはようございます」

「おはようございます」

「おはようございます」

「おはようございます」

「ああ、そう。みんな来たか」

「ええ、みんな来ました。そろそろ品川の金蔵《きんぞう》もお染《そめ》を連れて入ってきますよ」

「ああ、そうかい。わかったわかった。それじゃ出かけるからな、そこにある毛氈《もうせん》を取んな」

「筵《むしろ》です」

「〝毛氈〟と言ったら毛氈と言いな、馬鹿野郎」

「もうせんから」

「余計なことを言うな。いいかい、出かけるよ」

「ほーら、花見だ、花見だ。夜逃げだ、夜逃げだ」

「ロクなことを言わない。黙ってちゃんと〝めでたい、めでたい〟と言ってろ」

ワアワアワアワアワア言いながら下谷《したや》の山崎町《やまざきちょう》を出まして、あれから上野《うえの》の山下《やました》へかかっていく。三枚橋《さんまいばし》から上野広小路《ひろこうじ》、新黒門町《しんくろもんちょう》から御成《おなり》街道を真っ直《つ》ぐに五軒町《ごけんちょう》へ出ます。当時、堀丹波守《ほりたんばのかみ》様というお屋敷の前を通るってえと、真っ直ぐに神田《かんだ》へ出ます。鍋町《なべちょう》、鍛冶町《かじちょう》、乗物町《のりものちょう》、今川橋《いまがわばし》を渡って本白銀町《ほんしろがねちょう》。左へ曲がって吾妻橋《あづまばし》。

花火の当日だったんで、もう橋の上は、押すな押すなの殴りっこ蹴《け》りっこ、引っ張りっこ。

「押しちゃいけねえ、押しちゃいけねえ」

ワアワアワアワアワアやってるところへ、乱暴にもそこへ、槍《やり》を持たせた三人の供侍《ともざむらい》を連れて、馬に乗って入ってきた奴がいる。

「乱暴な野郎が入ってきやがったな、おい。気をつけろよ。その馬、びっこ馬だぞ」

「どうもおかしいと思ったよ。〝馬なんてのはこんなに傾くもんか〟と思ったけど、おいおい、おいおい、びっこ馬だって言うじゃねえか」

「〝びっこ〟ではねえ。〝長《なげ》え短《みじけ》え〟ちゅうんだ」

「当たり前だ、この野郎」

「助けてくれェ」

「野郎、とうとう悲鳴を上げやがった。よしよし、わかったわかった。馬はやめて、船にしよう。……おい、どうした？　なかなか船頭が出てこねえじゃねえか」

「こんちは」

「何が〝こんちは〟だ。何してやがんだ」

「ちょいと髭《ひげ》を当たってまして」

「色っぽい野郎だな、この野郎。早く支度しろ」

「はい」

船頭が友綱《ともづな》をといて舳《みよし》に立ってぐいと竿《さお》を一本入れるときに〝行ってらっしゃいませ〟と、宿屋の女将《おかみ》が押し出してくれるのは、何の多足《たそく》にもならないが、これはまた愛嬌《あいきょう》のあるもんで。

「竹屋のおじさん、お客を桟橋《さんばし》まで送っていきますからね」

「一人かい、大丈夫かい？」

「おい、大丈夫かい、おい。この船……」

「大丈夫だよ」

そのうちに降り出してきた雪のすごいこと。まるで数千万の虫が舞うように真っ白に覆《おお》ってくる、その風の、雪の、寒いの寒くないの。

「〝大寒《おおさむ》、小寒《こさむ》〟ってきやがらァ。〝山から小僧が泣いてきた〟って言やがるけど、船頭が泣いつくらァ。

お客さん、どうですか？　船の塩梅は」

「船もいいが、一日乗ってると退屈で退屈で……ふはァ〜……ならねえ」

「こんなときに碁でも指していられりゃ、申し分ないんだけど。ああ、いいものがあった。大山詣《おおやままい》りしたときの笠だ。吹き降りじゃないんだから、これさえありゃ何とかなる。これさえありゃ大願成就《ていがんじょうじゅ》。ちぇっ、かたじけねえ」

と戴《いただ》いたから、そのまま極楽へ行っちゃって、この野郎。

「何をブツブツ言ってるの、本当に。昼はどうするの？　鰯《いわし》だよ。鰯のぬた。鰯は私がやっといたよ。ぬたはお前さんがやっとくれ。南が吹いてるよ。下手《へた》すると腐っちゃうよ。早いとこ……」

「うるせえな。そんなもの、捨てちまえ」

「そんなこと言って。どこ行くの？」

「うん……」

「首傾《かし》げて考えてやがる、蓄音機《ちくおんき》の犬！」

「何？」

「どこ行くのよ」

「どこ行ったっていいじゃねえか。こん畜生。こっちは源兵衛《げんべえ》と太助《たすけ》、若旦那《わかだんな》にいろいろ誘われてんだ。黙って三角になっても丸くなってもいいから、勝手に寝てろ」

「そんなこと言っちゃって、どこかに引っかかろうとしてやがる。上げ潮のゴミ!」

「ゴミはな、引っかかろうとしてるんじゃねえ。流れようとしてるのに、そこにゴミが来るから、しょうがねえから引っかかっちゃうだけじゃないか。余計なことを言うな」

「どうも遅くなりまして」

「はあ、結構ですけど、できればお羽織《はおり》の一枚も着てもらいたいですな。羽織がないとね」

「ええ、羽織はなくてもね、こうやってると（羽織の袖《そで》を両手でつかむ振り）、〽羽織やあ着てるー」

「はあ、そうですか、わかりました。それじゃ……」

「へい、どうもありがとうございます。これはどの辺なんですかね?」

「ここか? ここはそろそろ大門口《おおもんぐち》だ」

「大門口? へえ、品川じゃないんですか」

「品川だと思ってもいい」

「いい加減ですね」

「おい、若《わけ》え衆《し》、〝品川だ〟っつってるぞ」

「そうです」

「何寝てやがんだい」

「いえ、幾人《いくたり》様です？」

「勘定すればわかるじゃねえか」

「へえ、五人様で」

「当たり前だい」

「あ、そう」

「頼むよ。いいかい、俺たちはどうでもいいからな、あとの四人《よったり》を頼むよ。といって、俺を悪くすることはないからな。いいね。じゃ、上がるよ」

ってんで、幅の広い梯子《はしご》をトントントントンと。どういうわけですか、廓《くるわ》の梯子ってのは、入るこっち側からついてないで、向こう側からついている。逃げられないようにしているとか、いろんな説がありますがね。これを上がって、

「立川談志の会」の終演後。この日は弟子をはじめ、多くの客が楽屋を訪れた

「おう、そういうわけだからな。俺なんかより、四人《よったり》を。あんななりをしてるけど、それぞれみんな金をガサッと持ってるんだ。わざとああいう格好をしてるんだから。わかってるね。それじゃ一つ、ジャンジャン持ってこい。構わねえから」

飲めや歌えのどんちゃん騒ぎ。〝こんばんは〟って入ってくる。幇間《たいこもち》が〝ヨイショ〟って入ってくる。ワアワア騒いで。

この話を聞いた、この店の一番の売れっ子の花魁《おいらん》で浦里《うらざと》、これが〝こういう優しい方なら私のほうから出てみたい〟と、花魁からのお見立てでございました。

花魁の部屋へ入る。

「ああ、二人であんなことしてやがる」

烏《からす》カアで夜が明けるってえと、

「ぬし、わちきのような者ができたからには、二度とこのような廓《さと》に来てはなりんせんぞ、わかりんしたね」

と、こいつの証拠に、かんざしと三百両という金をつけてくれました。喜んだのなんの。野郎、体が宙に浮いちゃってね、とにかく足元も定まらなくなっちゃった。

昔、この落語を演《や》ってってね、「ちょうどポンを打ってマリファナ吸ったような気持ちだ」って言ったら、ずいぶんウケましたけどね。

　野郎、すっ飛んで帰ってきやがった。

「ドンドンドン、ドンドンドン（戸を叩《たた》く）……大将……ドンドンドン……大将」

「気をつけろ、陽気のせいで変なのが入ってくるから。

　……どうした？　え？　来なかったろう」

「来ましたよ。〝親方によろしく〟って」

「何言ってやがんだ、この野郎。何？　何かもらってきた？　お前にくれた？　俺にくれたんじゃないか？　……ああ、いやいや、こっちへ預かっとくから」

　一所懸命、働きましてな。十年経《た》つか経たないかのうちに、深川《ふかがわ》の蛤町《はまぐりちょう》、間口《まぐち》は六間半《ろっけんはん》、蔵が三戸《みと》前という大きな店の主《あるじ》になった。ピューッと北風が吹く。冬でございます。

「今だから言うけど、あのとき、俺がわれに三文《さんもん》貸したときには、われは腹が立ったべな」

「腹立たねえ」

「立たねえわけがねえ」

「何でそうやったか、俺には俺なりのわけがある。わけがあるから聞いて」

「いいよ、言わなくてもいい」

とたんに目の前が、ガラガラガラッと真っ暗になる。ズシーンと音がして、こわごわ開けてみると、そこに千両箱が山のように積んであって、

「その千両箱の中からわれわれに三文貸したときは、われは腹が立ったんべな」

また元へ戻っちゃう。

これ、いつまで演ってもきりがないですよ。一晩中演ってても、きりがないと思います。

どうもありがとうございました。

＊二〇一一年一月十八日、新宿・紀伊國屋ホールで開かれた「立川談志の会」の高座。同会の正式名称は「第１６６回 新宿セミナー特別編 @Kinokuniya 立川談志の会」。映像は、「談志市場」で『週刊談志 増刊号 No.１ 立川談志の会 ２０１１年１月18日』として、二〇一一年五月十三日より配信。関連情報は１５４ページ。

江戸の風

風が違う

ええ、立川談志でございます。覚えてますか。

電車なんかに乗ってると……、乗ってるんですよ、この歳《とし》で。歩き方は一番遅いですね。〝あれ？ 談志さんでしょ〟なんて言われることがまだあるっていうのは、ありがたいのか迷惑なのか。

「江戸の風」についてしゃべれって言うんだけどね。まあ一口に言やァ、「江戸に吹いている風」だろうね。江戸に吹いている風、〝そうでない風があるのか〟って言ったら、あるんだよ。山から吹いてくる風だとか、海から吹いてくる風、〝風は海から吹いてくる〟なんていう歌謡曲が昔あったけど。

同じ風でも、もう茨城あたりになると風が違うんだね。違うんですよ、風の匂い。まあ、山の匂いってのはありますが、匂いが違う。それが体へ染《し》み込んで、先祖代々から来る、その匂いと、なんというか、自分の生活が一緒んなって風を呼んで、訛《なま》りになって出てくるんでしょうね。

だから訛りは、風がなければあり得ない。絶対にないと思いますよ。どこだって同じ風だったら、同じ風のところで同じ暮らしをして、同じ言葉が出てくると思うんです。

ナニ、言葉じゃなくても、食い物でもそうですよね。同じ味噌汁《みそしる》でも、味噌の味が仙台は濃い。濃かったですなァ。私ども戦争中に行って、あんな濃いものと思わなかった。まァやがて慣れるんですけど。

そういう意味において、その風の匂いがちょいと違うとね、ほかの家業はいざ知らず、落語家にはなれなかったです。

〝あんた北海道だろ。函館だろ〟……、函館も北見も違うんです。北海道は、その言葉のアクセントという意味での風は、割と似てるんですがね、それでも違うんです。

当然ながら東北、同じ東北でも秋田と青森は違います。新潟になるとまた違う。岩手は違う。仙台から金華山《きんかざん》のほうへ行くとまた言葉が違う。ナニ、東北の仙台まで行かなくったって、茨城でも違ったんですよ。茨城の風に染《そ》まってしゃべっている人間は、東京へ来ても落語家にはなれなかった。今はだんだんなくなってきたのか、感じなくなってきたのかは知らないけど、当時ね。

今は何代目になるんですか。紙切りの初代に正楽《しょうらく》（初代林《はやしゃ》家正楽）ってのがいましたよ。家《うち》に（正楽の作品が）あります。名人芸です。その弟子の正楽（二代目）が、埼玉県の一《いち》ノ割《わり》、あそこですよ。もう違うんです。えらいもんですねェ。

落語は上手《うま》いんですよ。けれども風が違うから、わかりやすく言やァ、訛り。〝違うからお前はダメだ〟って、馬楽《ばらく》師匠（五代目蝶花楼《ちょうかろう》馬楽）……のちに正蔵《しょうぞう》（八代目林家正蔵）から彦六《ひころく》になった、あの師匠に言われてね。

いったん落語家になった以上、風が違うからといって国へ帰ることはできない。「男《だん》児《じ》志《こころざし》を立てて郷関《きょうかん》を出《い》ず」というような気持ちになった。しょうがないから、春《かす》日部《かべ》の風でもいい〝紙切り〟。あまりものを言いませんから、そういう家業になった。

こういう実際を私は見てます、ええ。そこそこの紙切りになりましたけどね。

今の紙切りはいいなァ。一楽《いちらく》と言ってたけど、これが正楽（三代目）になってるのか。

江戸前の空気、風が大事だったんでしょうね。私がね、（戦争中に疎開をしていた）埼玉県の深谷《ふかや》、ほら、ネギができるところ。今はどうですか。田舎……田舎ったって深谷ですよ、そこで暮らしていたことがある。

「てえー、どこ行ったん。もう帰《けえ》ってこねん。いつ来るん。もう来《き》ねんかい。来たらええがね。ええ、あいつは、なからいい」

ほんの一年くらいですよ、そういう訛りを含めたね、言葉を使ってたもんですから、東京へ帰ってくると、

「君はなんだね、〝べえ〟ばかり言ってるね」

その「ばかり」って言葉がすごく新鮮に感じました。「てえー、〝べえ〟ばかり言ってるなァ」。それが「〝べえ〟ばかり言ってるね」。江戸弁ですねぇ。

故郷《ふるさと》ブームなんて、一時ありました、三橋《みはし》（美智也《みちや》）さんとか春日《かすが》（八郎《はちろう》）さんとか。ピンちゃん、藤山一郎《ふじやまいちろう》は、江戸の風。それも大正ですかな、大正・昭和。

ところが落語には、大正・昭和以前の本当の「江戸の風」があるんです。

もちろん風ですから見えませんよ。〝ちょいとその風、見せてくれ〟って言ったって、そうはいかねえ。だけど、自分でも〝やっぱり、ここは違うな〟ってのはあります。一番いい例が訛りね。訛るねえ、国会へ出てくる奴《やつ》とか。アナウンサーでも訛りますよ。一緒にやってる渡邊《わたなべ》（渡邊あゆみ、ＮＨＫアナウンサー）さんなんか、〝ここはこうですよ〟って、ちらっと言うんですがね。彼女は頭脳が抜群にいいから、すぐズ

バッと変えますけど。

うちにね、神太郎《じんたろう》という弟子が来たんですね。東北だから訛るんです。だから〝お前、落語家無理だから、漫談でもやれ〞ってんで、死んだ高山栄《たかやまさかえ》、声を演《や》っている連中です。今で言うとアテレコですか。ああいうほうへ任せたけど、うちの妹が〝お兄ちゃん、あの子、笑うときだけは訛らないね〞って言ってました。

笑い声に「江戸の風」があんのかね。笑い声はねえだろ、あるかね。屁《へ》もあるかね。〝あいつのは東北の屁だ〞とか。そうね、朝鮮の屁はあるかもしれない。ニンニクが臭いからね。「ドジのする屁は屁までも臭い」って句があるけど、ことによると屁もあるのかもしれませんよ。

地方は悪いと言ってるわけでも何でもない、ええ。いいですよ、地方。その土地土地の風、なんともたまらないもの。例えば東北弁のあのズーズー弁。普通だと、何言ってんだかわからないんですがね。聞いてるうちにね……。

あんまりしゃべらないですよ、彼ら。私の知人で亡くなった女性、牛原虚彦《うしはらきよひこ》という有名な大監督の息子の女房だったですけど、電話へ出られなかったって言います。つまり、訛りが出るってことでしょうね。江戸弁と「江戸の風」ってのは、ほんと言う

「子供のころ、このあたりに住んでいたことがあるんだけどね」
「落語のリアリズム」と「江戸の風」の口演を収録したのは、東京都文京区白山にある貸しスペース「花みち」。この界隈は、明治・大正・昭和と、花街（芸者の置屋、仕出しをする料理屋、芸者と客に部屋を貸す待合の三業がある街）として栄えた。関東大震災や東京大空襲でも焼けず、奇跡的に現存している

と、ちょっと違うんですが、わかりやすく言や、江戸弁でしゃべれない。〝電話へ出るのが怖かった〟って言います。

海の風なのか、隅田川の風なのか

現に吹いてる風は、「江戸の風」なんですかね。ビルとビルの間を吹いてくる風。「江戸の風」なんですかね。冬の風、春の風、夏の風はあって、それぞれ匂うけども、「江戸の風」と。江戸の海の風なのかな。隅田川《すみだがわ》の風なのかな。そのへんがわからない。だけど、隅田の川を渡ってくる匂いということはありますから、どっかにそういったものがある可能性はあるでしょう、ええ。

〝お前ん家《ち》は「江戸の風」が吹いてんのか〟って言われたら、何て言うのかね。「江戸の風」、吹いてんだろうなァ。俺様が住んでんだから。小さな部屋ですがね。吹いてんだ。だから吹いてないテレビに向かって、いつも腹が立ってます。〝違うんだ〟と。

その「江戸の風」を大事に大事に育ててきたから、江戸っ子は贅六《ぜいろく》を嫌いましたね、関西を。だから私なんか若いころ関西へ行って、例えば大阪のクラブなんかに行くと、〝よろしいなァ、東京弁はなァ、違《ちご》うてなァ〟。彼らはそれほど、「江戸の風」を含む東京弁に憧《あこが》れ、憧憬《しょうけい》、それと畏《おそ》れを持ってたんでしょうね。

大阪の漫才が東京へ出て、果たしてどうするのか。つまり向こうの風を完全に受け入れさせちゃえばいいんだ。その昔の喜劇の曾我《そ》廼《が》家《のや》の五郎《ごろう》であるとか、曾我廼家十吾《じゅうご》さん、ああいう人たちにはありました、ええ。渋谷天外《しぶやてんがい》さんはあんまりなかったけど。

今はそんなのは、ないんじゃないですかね。今はどんな風が吹いてるんですか、モンゴルの風かなんか吹いてんのかね。そんな感じがしますがね。

八百長《やおちょう》ってのが「江戸の風」なんじゃないのか。どうも「江戸の風」のような気がするね。いいじゃねえか、八百長やったって。損するわけじゃあるめえし。……というような発言が、「江戸の風」かもしれませんね。

なんぞってえと、褒めないね。まずけなすね。これも一つの〝江戸風《えどふう》〟という風かもしれません。

風って言えば風邪《かぜ》はひかないけど、咳《せき》が出てしょうがねえんだよ。これ、粋《いき》がって「江戸の風」なんて言ってたせいでバチが当たったのかもしれません、ええ。声が出なくなっちゃった。

ただ私の会話は訛ってないでしょ？　訛ってませんよ。

風というのはピューッと吹いてくるんじゃなくて、舞台へ出て感じます。舞台へ出るとムウーッとくるんです。拍手になってきちゃう場合があるけど、ムウーッと来るんです。それを無意識のうちに、スッと鎮《しず》めるんです。そして自分の風の中へ放り込むんです。これは難しいです。パラパラパラとか、ドオーッというのと、また違うんです。はい。「江戸の風」、ということになるんでしょうね。

〝べらんめえ調〟と〝べらぼうめ〟

アメリカにはあるのかね。〝マンハッタンの風〟だとか、〝ブルックリンの風〟が吹いてるのか。往年のキャグニーを見てると、ブルックリンの風を感じますよ。むしろ映画から感じますね。『カルネ』（フランス映画）を見てるとパリを感じる、西部劇を見てると西部の風を感じる。砂塵《さじん》を含めた、そういう風がところどころに吹いてるんではないか。そういう感じがいたします。はい。

うちの娘、伜《せがれ》なんかを見てると、やっぱり東京人ですよ。なかなか東京人てのはいません。服装でも目つきでも態度でも、どこか違う。

私は銀座に住んでいたんです。今は（家を）娘にやっちゃいましたけどね。ここ（この口演を収録した「花みち」）は古いんでしょ？ 関東大震災で焼けなかったってんだから。国定忠治《くにさだちゅうじ》が二度泊まったって家ですからね。とにかく古い。もちろん戦災でも焼けなかったんでしょう。

で、銀座でちょっと裏へ入ると、この家と同《お》んなじ。しゃべり方もそうですよ。

「おばさん、この辺に湯はあるかい？」

「あるわよ！ あそこ！」

なんて。これが裏へ入らないと、

「あの、ちょっとうかがいますが、この辺に銭湯はございますか」

「ありますよ。あそこを右に曲がってね、ビルの二階。銀座湯っていうんですよ」

これだけ違ってくるんです。

江戸っ子イコール〝べらぼう〟じゃないですね。

私が何かでしくじったときにね、「彼（談志）はこうこう、こういうふうだ。〝べらんめえ調〟でしゃべった」と言われた。それで怒ってね。〝べらんめえ調〟と言葉では言うけども、〝べらんめえ調〟なんてあんのかね。

「俺はこれからションベン行ってくるんだ、べらんめえ」

そんなのないだろう。

「おい、飯食ったら帰ろうじゃねえか、べらぼうめ」

「だいたい、おいオヤジ、べらぼう、おめえくらい、べらぼうな奴《やつ》は……」

〝べらぼうな奴〟はあるけど、なんぞってえと〝べらぼう、べらぼう〟って「江戸の風」を使う奴がいるが、かえっておかしいんでね。言うわけないよ。

「これから船へ乗ろうか、べらぼうめ」

「飯を食おうか、べらぼうめ」

「冗談言うねえ、べらぼうめ」

〝冗談言うねえ、べらぼうめ〟はあるんです。これ、非常に微妙なんでね。言葉というのは、難しいもんです。

はっきり言うと、「江戸の風」の吹いているところなんてのは、ほとんどないんじゃないんですか。風景はわかります。〝違うな〟〝ここしかないな〟……。

だけど、外国の映画なんかは向こうのしゃべる言葉に、例えばオルリー空港（フランスのパリ＝オルリー空港）に着きますと、「お呼び出しを申し上げます。ムッシュー何とか……」、あれが〝恋の音に聞こえた〟って、名セリフを吐いた奴がいた。「フランス語は恋の言葉」、うまいこと言ったもんだ。やっぱり、「パリの風」が吹いてるんでしょうね。ちょっと田舎へ入ればめちゃくちゃなんでしょうけどね。

落語家に憧れるってのも、落語の持つ「江戸の風」、江戸風、江戸の味、すべてを含めた、〝江戸の昔から在《あ》るところ〟に住んでいるから。〝江戸っ子でえ、べらぼうめ〟と。〝三代住んでないと本当の江戸っ子じゃない〟って言われますが、今はそんな人はいないでしょう。それで江戸弁をしゃべる。品のいい江戸弁、また、ざっかけない（がさつな、丁寧でない）江戸弁、それらを含めて、落語家に憧れる。

流行という風

〝そうざんしょ〟という言葉がある。〝そうでありんしょう〟ってのは花魁《おいらん》の言葉だけど、〝そうざますね〟は山の手の言葉だ。それをトニー谷《たに》って奴が見事にひっくり返した。〝そうざんしょ、ざんすざんす、さいざんす〟なんつって。だからいくらかあいつも反社会的というか、江戸っ子ですからね、あの野郎、あんな顔してるけど。

俺は嫌いだったけど、まあそれはこっちに置いといて。なぜ嫌いかって話もあるけどね。余談になっちゃうから。

「ねェ、トニーさん、俺の番組出てくんねえか」って言ったら、

「なんで俺が、てめえの番組なんかに出なきゃなんねえのか」って言いやがる。いきなり。〝悪いなあ、出らんなくって〟じゃねえんだよ。

「なんで俺が、てめえの番組なんかに出なきゃなんねえのか」

それこそ江戸弁。

「なら出なくたっていいよ。勝手にしろい」

それっきり。

それでしばらくしたら落ち目になりやがってね。俺が今も行っている「美弥《みや》」っていう銀座のバーへ入ったら、土下座しやがんの。この差がわかんなかったな。老いたりとはいえ、トニー谷ですよ。それがピターッと土下座して、

「談志さん。俺の気持ちがわかるのは談志さんだけだ」

泣いた。何だったんだろうね。あいつも「トニーグリッシュ」なんという流行語、一つの風を吹かしたんでしょうね。

流行語というのは一つの風で、「江戸の風」とは全然違う。だって若水《わかみず》ヤエ子《こ》のズーズー弁であるとか。話は古いけども、当人は古いと思わないんですよ、ただ言わないとね、若い人にはわかんないから言ってるだけでね、ええ。

歌手はみんな訛りがあったの。訛りがあったから普通にしゃべれない。そりゃそうでしょ。淡谷《あわや》（のり子《こ》）さんが「次に歌う歌、あんた、ブルースなんだからね、これ、ちゃあんと聞かなきゃだめだよ」なんて言うことにはならない。事実、訛りますから。まァそれが魅力です。だから司会者が出てきて、「次は淡谷さんの『君忘れじのブルース』です」ってなこと言うんでしょうね。今は歌手本人がしゃべるようになりましたけど、あれは昔なかったです。

最後まで司会を付けてやってたのは、お恵《けい》ちゃんでしたね。松山恵子《まつやまけいこ》。訛るんだかどうだか知りませんけど。

それにしても、何だろうな。彼女は自分の世界、〝歌謡曲の世界に私は居るんだ〟というものを持っていたのかもしれません。惜しい人を亡くしました。本にも書きましたけどね。

「お恵ちゃん、お恵ちゃん、お恵ちゃん」

応援をするあの声。今も騒ぐ声はありますが、本当に応援してんのかな。煩雑《はんざつ》、騒然《そうぜん》。あのガシャガシャんところに、ただ己《おのれ》を置いといて、自分を忘れようと。あの中に居れば「江戸の風」も何もあるもんか。〃あそこに居れば忘れられる〃ということの証明のために、ドンガラガッチャバーウー、ドンガラガッチャワーとやってるんじゃないかと思います。

江戸から逃げ、「江戸の風」から逃げる。そういうことにつながると、私は自信を持って言えます。だから、私としては嫌いです。

今居るかなァ、「江戸の風」が吹く人。そう、映画監督をやっていた、藤浦《ふじうら》(敦《あつし》)さん、三遊亭円朝《さんゆうていえんちょう》の名前を持ってた(名跡《みょうせき》預かり)人。今も時々手紙が来ますが、いい歳ですよ。その人としゃべってると、〃ああ、これが「江戸の風」なんだな。江戸の文化を背負《しょ》ってるな〃ってのは、わかりました。ちょっとこの人、嘘も多いけどね。この間会ったら〃ベット・ミドラーをかいた〃って言ってましたけど、本当かどうだかわからない。それはまあこっちへ置いといて。

口演の途中、しばしのあいだ周囲の音に耳を傾ける。「江戸の風、なくなってきたろう。……工事の音が聞こえるだけです」

魚河岸、江戸の最たるところ

四年ばかり前、魚河岸《かし》（築地《つきじ》）へね、区会議員の応援に行ったんですよ。確かに不潔になっているかもしれない。新しいところ（豊洲《とよす》）のほうがいいと言う。けど、魚河岸には魚河岸の風が吹いている。江戸っ子だけの了見《りょうけん》がある。

「〝便利〟じゃなく、そこに吹いてくる〝風〟を大事にしなさい。〝文明〟より〝文化〟を大事にしなさい」

友人の伜だったんで、そういう話をしました。周りが喜んでくれました。

とにかくあそこが好きなんですよ、魚河岸。魚河岸、江戸の最たるところですね。昔の吉原《よしわら》は知りませんけど、今は吉原なんて吉原の風なんぞ吹いてないんでしょうね。トルコ風呂の風でしょうね。トルコ風呂じゃあ、風の吹きようがないんじゃないですか。トルコのほうから吹いてくる。つまんないこと言ってちゃいけない。

どっかに残っている連中が、どっかに残っている「江戸の風」を持った落語家の録音テープとか、絵を見ながらそれにすがるんでしょうね。

志《し》ん生《しょう》（五代目）にも、志ん生の「江戸の風」があった。志ん生の風があった。最もあったのが、三代目の柳好《りゅうこう》（春風亭柳好《しゅんぷうていりゅうこう》）でした。柳好の風は、見事に「江戸の風」。今ああいう調子で演《や》れる人は、ありませんなァ。声が出ていたころの私には、いくらかあったですけど。

みんなそれぞれが自分の持つ風、そのバックに江戸が流れていた。「鬼」とあだ名された馬風《ばふう》（四代目鈴々舎馬風《れいれいしゃばふう》）にも流れていた。演ってることは漫談で、バカバカしいことを演ってましたけども、だけどその後ろにあるものは、同じ漫談でも違う。

それは、そいつの持つ頭脳とかセンスと違う。センスがよくても出せない。具体的に言やァ、たけし（ビートたけし）も出せないでしょう。爆笑問題も出せないでしょう。もちろん標準語はしゃべっているし、彼らはそんなことをいちいち気にはしてないだろうからね、かまわないですけど。

芸人の風、それぞれの風

関西風、上方《かみがた》の風が江戸へ入ってくると、江戸人は無性に、不快さを感じたんでしょうね。〝嫌だ〟と。あの関西風の「せやねん」「どないしてるん」「もう帰るか」「ごっつえらいこと言うなよ、お前」、そういう言葉の風が嫌でたまらなくなっちゃった。

紳助《しんすけ》（島田《しまだ》紳助）がこう言ってましたよ。初めてここへ来たときに、「江戸の風」に怯《おび》えたというか、〝通る女がみんなきれいに見えた〟と。もう今はすっかり慣れちゃったんでしょうね。当たり前でしょうけど。「江戸の風」を紳助は感じたんでしょう。と思いますよ。

漫画《まんが》トリオもそうです。「江戸の風」の吹いているところで売れないと、日本中の人気者にはなれないと。それであいつは出てきたんです。ノックちゃん（横山《よこやま》ノック）も死んじゃって……。龍太郎《りゅうたろう》（上岡《かみおか》龍太郎）はどうしてんのかね。どっかで息吸ってんだろうと思うんだけど、来ない。別れた最後の夜を覚えてますがね。

勘九郎《かんくろう》、いや勘三郎《かんざぶろう》になってたんですかね。あいつも「江戸の風」が好きでねえ。歌舞伎座《かぶきざ》は家《うち》に近いもんだから、楽屋へ入っていって、よくあいつと話をしてましたけどね。〝具合が悪い〟って言ってました。心配ではあるけど。

「江戸の風」は吹いてるのか、どうなんだろうね。幸四郎《こうしろう》（九代目松本幸四郎、のちの松本白鸚《はくおう》）は違うでしょ。染五郎《そめごろう》（七代目市川《いちかわ》染五郎、のちの十代目松本幸四郎）は吹くかなァ。吹くかどうか、わからない。けども、あいつが一番、可能性があると私は思いますな。

江戸の風、上方の風、それぞれの風。

死んだ寛美《かんび》（藤山寛美）なんかは風を持ってるけど、今持ってるのは誰かなァ。小島《こじま》秀哉《ひでや》なんかまだ持ってるのかもしれません。あと新派《しんぱ》の風もありました。八重子《やえこ》（初代水谷《みずたに》八重子）が亡くなって、大矢市次郎《おおやいちじろう》が亡くなって。そうですねえ。金田龍之介《かねだりゅうのすけ》、金龍《きんりゅう》も亡くなっちゃって。関西というか、新派の持つあの風、なくなりましたね。

今江戸の風を持っている落語家は居るのかね。歌丸《うたまる》（桂《かつら》歌丸）は横浜だし、円楽《えんらく》（五代目）は違ってたなァ。むしろ円鏡《えんきょう》なんかに、下町の風があるかもしれませんですよ。今は円蔵《えんぞう》っつってますが。

天皇陛下なんて江戸の風吹かしてんのかね。わからねえ。こっちのほうから江戸の風を吹かせれば、北方領土も返ってくんのかね。わかんのかね、ロシア人にも。わかんねえだろうなァ。〝わかんねえだろうなァ〟ってのが居たけど。「江戸の風」、なくなってきたろう。（しばし周囲の音に耳を傾け）工事の音が聞こえるだけです。

落語に「江戸の風」が吹いていても、演者にその雰囲気がないってのがあるんですよ。逆に下手《へた》くそだけど、なんとなく「江戸の風」が吹いてるということもありましたね。

私がむしろ講談にその風を求めました。明治の、生き残りの講釈師に。なんともたまらない、あの本牧亭《ほんもくてい》だけにある明治の世界。寄席は寄席で人形町末広《にんぎょうちょうすえひろ》にはありました。鈴本《すずもと》にはなかったね。人形町にはあった、うん。神田の立花《たちばな》はどうだったかわかりません。

吹いてそうな奴に、会いたい

『粗忽長屋《そこつながや》』であるとか、または『短命《たんめい》』であるとか、私が作る『源平盛衰記《げんぺいせいすいき》』であるとか。内容的には〝江戸前の了見を持った私《てめえ》が拵《こしら》えて演ってるんだ〟って自負はあるけど、果たして「江戸の風」がそれに吹いているのか。吹いているつもりではいるけどね、わからない。

田舎の題材でも、その当人に「江戸の風」が吹いていれば、円生《えんしょう》師匠（六代目）の『包丁《ほうちょう》』でなくてもいい。『百川《ももかわ》』なんて、むしろ田舎っぺが来るところに江戸っ子が居るという噺《はなし》なんですが、そっちのほうが吹いている。

文楽《ぶんらく》師匠（八代目）に、文楽の風は吹いている。「江戸の風」は吹いているかな。小《こ》さん師匠（五代目柳家《やなぎや》小さん）は吹いていなかった。田舎の風ですね、むしろ。テクニックとか仕方噺《しかたばなし》なんかでカバーしている、という感じでした。でも、おかしかった。どうしてんだか。死んじゃったらしいね。弔《とむら》い行ってねえんだよなァ。弔いは、ほとんど行かない。円鏡（円蔵）の女房《かかあ》が死んだときに、しょうがねえから行ったけど、汚え女だった、あいつな。

話は関係ないけどね、「せっちゃん」っていうんだね。文楽師匠の、わかりやすく言やァ女中さんね。そこへ円蔵の野郎が、竹蔵《たけぞう》（円蔵の前座名）っつってたんだ。本名大山武雄《おおやまたけお》。タケ坊。まさかあの顔だからできると思わなかった。だから文楽師匠は、タケ坊と一緒にそこに寝かせておいたんだろうな。できちゃったらしいんだ。朝之助《ちょうのすけ》（三遊亭《さんゆうてい》朝之助）ってね、生きてれば古典落語の風を吹かせてくれる奴になったんだろうけど、酒で死んじゃった。「江戸の風」で死んだのかね、あいつも。そう思ってやりたいね。それがね、俺に向かって、

「兄《あに》さん、タケちゃんね、〝せっちゃんと一緒になる〟っつってるよ」

「嘘ォつきやがれ、そんなことは絶対ないよ」

「あるんだよ。言ってたよ」

「嘘だよ。噂だよそんなの。ないよ、いくら夕ケ坊だって」

「じゃあ兄さん、賭《か》けようか」

「賭けよう。いくら賭けてもいいよ」

そのころですから、五千円ぐらい賭けたんでしょうね。それから夕ケちゃんに会って、

「夕ケちゃん、こういうわけでね、朝之助と賭けたけどね、そんなこたァ絶対ないよな、ないよな」

「すいません、兄さん、払ってください」

って言いやがる。取られちゃった。五千円。

別の話だけど、〝浮気してても、節子《せっこ》の顔がまぶたに浮かぶんだ〟って。そんなもんですかねェ。よくわかりません。あいつの話をしてるとキリがない。キリがないけど、俺のやる乱暴なことを受け入れるのも、江戸の洒落《しゃれ》た風が吹いてるからかもしれません。

あるときなんかね、まだ新婚のころか、一緒に上野の風呂へ入って、

「おいタケ坊、ちょいと体の毛ェ剃《そ》らせろ」

　足毛ね。足毛を剃らせてね。〝ついでにチンポコの毛も半分剃らせろ〟ってね。半分剃っちゃった。そしたらね、せっちゃんが、〝なんてことするの〟って。

「〝チクチクしてしょうがないじゃないの〟って、兄さん、怒られちゃった」

　そんな思い出を、あいつ、持ってるかね。

「江戸の風」、一口に言うと私の友達。けど全部とは言えないなァ。

　円鏡の友だちで焼き鳥屋をやってる奴、こいつは「江戸の風」が吹いてますね。


「江戸の風」の吹いてそうな奴に、会いたい。

「江戸の風」に憧れるってのは、あるんですよ。だけど自然に吹いてくるというのは、なかなかないですね。くどいようだけど、さっき言った藤浦さんという、藤浦富《とみ》太郎《たろう》（実業家、政商で落語家のパトロンとしても著名）って人の伜さん。私より年上だからいい歳ですよ。元気ですよ。この人にはやっぱり、「江戸の風」が吹いてます。

　落語で言うと何だろう。演者が「江戸の風」を吹かしちゃうんだろうけど、やっぱり柳好かな。三代目の柳好。「梅は咲いたか桜はまだかいな」というあの出囃子《でばやし》に乗って出てくる柳好。

〝待ってました、柳好！〟〝待ってました！〟〝ガマ！　ガマ！〟〝電車風景！〟と声がかかる。あの柳好の世界こそ、江戸の世界であったんじゃないですか。その感じがいくらか、のちの小柳枝《こりゅうし》（七代目春風亭小柳枝）にありましたけどね。

「ああそう、小柳枝、ウケたの？」

「ウケてますよ」

「よかったねェ」

色川武大《いろかわたけひろ》さんがしみじみ、そう言ってくれましたけどね。

そう、柳好、『野《の》ざらし』。やっぱり文楽の『明烏《あけがらす》』よりも志ん生の『富久《とみきゅう》』よりも、柳好の『野ざらし』。

一番「江戸の風」が吹いていたのは誰だろう。春風亭柳好、三代目、向島《むこうじま》の師匠。向島で芸者屋をやってましたからね。まあ余計なこったけど。〝その柳好だ〟と言ったら、知ってる人は文句を言わないだろうな。文句なし。

江戸の風、落語家の風、江戸っ子の風、春風亭柳好。

以上でございます。

「落語のリアリズム」「江戸の風」、合わせて約80分の口演は、「談志の遺言」として、有料の動画コンテンツとして配信された

＊「落語のリアリズム」と同日、同場所にて収録。映像は「談志市場」で『談志の遺言 第一巻 江戸の風』として、同年四月十四日より配信。関連情報は150ページ。

解説——あとがきに代えて

松岡慎太郎

本書の内容はすべて、二〇一一年一月から二月にかけて遺した談志の仕事です。この期間に収録を行い、のちに「談志市場」というサイトで配信された映像を、今回の出版のために書き起こしたものです。

父・立川談志はこの仕事のあと、二〇一一年三月六日、「立川談志一門会」（麻生文化センター、川崎市）で『蜘蛛《くも》駕籠《かご》』を演じ、これが最後の高座となりました。同年三月二十二日、気管切開の手術を受けて声を失ったためです。そして同年十一月二十一日に亡くなりましたが、気管を切開するまでは、思うように声が出ないながらも、体力が続く限り仕事に取り組んでいました。

当時の様子を思い出しながら、本書に収められた仕事の経緯や当日の状況について、若干の説明を加えておきたいと思います。

「落語のリアリズム」と「江戸の風」

撮影は二〇一一年二月九日に行われました。本書の写真の説明にもありますが、撮影場所として使われたのは、東京都文京区白山《はくさん》にある古い日本家屋です。大正時代に建てられ、関東大震災や東京大空襲でも焼けず、奇跡的に残ったそうです。一階部分が居住スペースで、二階部分が貸しスペース「花みち」になっています。この界隈《かいわい》は、明治・大正・昭和と、花街として栄えたそうで、「花みち」はかつて待合《まちあい》だったと聞きました。

少しの休憩を挟んで、いずれも四十分弱の撮影でしたが、この二つのテーマについて語りこみました。

「落語のリアリズム」も「江戸の風」も、晩年の著作のなかで触れていた概念で、特に「江戸の風」は、弟子にも影響を与えていたようです。

談志が初めて「江戸の風」という表現を使ったのは、『談志 最後の落語論』（二〇〇九年十一月、梧桐書院）でした。その部分をご紹介します。

「落語とは何だ。〈中略〉寄席という、独特の空間で、昔からある作品を江戸っ子の了見《りょうけん》で演《や》る。己《おのれ》のギャグ、自我、反社会的なこと、それらを江戸の風の中で演じる。非常に抽象的だが、そうとしか言えまい。『江戸』という〝風《かぜ》〟〝匂《にお》い〟の中で演じるということだ」

その後、最後の三部作の二弾として書いた『談志 最後の根多帳』（二〇一〇年四月、梧桐書院）でも触れています。

「ネタの数が少なくても、粋《いき》がっていればやっていける。で、売れていれば、排除しないのが落語界である。この世界には〝おとなしい奴は駄目だ〟という部分がある。ネタが少なくても、胸ェ張って『江戸の風』を吹かせていれば、やっていける。おっと、『江戸の風』ときたネ。これについては前に出した『談志 最後の落語論』にも書いた。江戸時代の匂い、江戸っ子の了見、寄席の雰囲気。これらがあわさって、江戸の風となる。現存の落語家で江戸の風を感じるのは、文楽《ぶんらく》（九代目）、円蔵《えんぞう》、五街道雲助《ごかいどうくもすけ》あたりであろうか」

「江戸の風」は、「業《ごう》の肯定」や「イリュージョン」と異なり、最晩年に提唱したテーマのため、多くを語る機会を得ることができませんでした。そこで、編集者からこのテーマについて語ってほしいとの要望があり、この収録につながりました。

談志は普段自宅にいるときも、時事ネタや、芸談、その時々に感じたことなどを高座のまくらと同じように話しており、それをビデオカメラで撮影することもありました。しかし、何故《なぜ》か「江戸の風」については、自宅でもほとんど語ったことがなく、今思うと、この時の収録が「江戸の風」について談志がしっかり語った唯一の記録です。

「日めくりのつもり」

本書に載せた書き文字は、談志が書いたものです。もとは、談志が書いた「一言」を「日めくり」として動画配信するという企画でした。一日ごとに異なる「一言」を配信する日めくりなので、「一言」を書いた短冊は一年分三百六十六枚あります。また、それぞれに談志が声のメッセージを加えるという趣向で、予定では三百六十六のメッセージを収録し、月ごとにインターネット上で配信することになっていました。

このうち、本書に収めたのは百本分のメッセージです。二〇一一年三月に気管切開をしたため、声のメッセージを収録できなくなったからです。ただし、声を失っても入院しても「一言」は書き続け、同年九月までに三百六十六枚を書ききりました。

撮り下ろしの声は百本しかありませんから、残りの「一言」には過去の談志の声をのせ、一年間分の「日めくり」として配信されました。現在でも、「談志市場」で「日めくりのつもり」として配信されています（本書の購入者特典として無料で視聴可能です。詳細は157ページをご覧ください）。

談志が声を失って亡くなるまでの八か月間は、筆談での生活でした。しかし、短冊に向かい「一言」を書き始めると、それまでの筆談とはまるで違い、何か特別の力が湧《わ》いてくるかのように没頭していたことを思い出します。

「立川談志の会」

二〇一一年一月十八日、新宿・紀伊國屋ホールで開かれた同名の落語会の高座を記録したものです。紀伊國屋ホールは、紀伊國屋創業者の田辺茂一《たなべもいち》さんと親交があったことから、若いころの談志が月一回、「談志ひとり会」を開いていたゆかりある会場です。またその後は、談志が本を出版した際には、刊行記念の落語会をたびたびこのホールで開いていました。この「立川談志の会」も、『GOTO DVD BOOK 談志が帰ってきた夜』の刊行を記念して開かれたものです。

開口一番をつとめたのは二つ目の立川平林《ひらりん》で、演目は『平林《ひらばやし》』。次に、松元《まつもと》ヒロさんがスタンダップコメディを演じてくださり、さらに立川談笑《だんしょう》が上がって『片棒《かたぼう》・改《かい》』を演じました。

仲入りを挟んで談志が上がりました。『羽団扇《はうちわ》』一席の予定でしたが、本書内でも触れているように、下がってきた緞帳《どんちょう》を談志が止めさせ、『落語チャンチャカチャン』を披露してお開きとなりました。

この日は、終演後の打ち上げにも参加し、他の出演者や立川流顧問（当時）の吉川《よしかわ》潮《うしお》さん、弟子や孫弟子に囲まれ、穏やかながらも楽しそうにビールを飲んで帰路につきました。

この時期の談志は、本当に声が出しづらく本人も相当辛《つら》かったと思います。しかし、そんな状況にあっても、今の自分にできる落語の形を、声を失う最後まで模索していました。


談志は晩年、「残しといてやりたいんだ」が口癖で、自分が若かったころに見聞きした落語家や講釈師、色物《いろもの》の芸人の話を編集者に語っていたそうです。実際、落語や講談のみならず、映画や昭和歌謡など、好きだったものについての膨大な量の史料を談志は遺しました。

一方で、自分の芸や考えを伝えたいという強い思いもあり、最後の最後まで執筆や撮影には意欲的でした。生きていれば、さらに多くの本を書いていたことでしょう。

本書も、そんな談志の思いを形にしたものです。

談志が生涯を通じて語り続けた落語の魅力、そして文化の尊さが「江戸の風」という言葉に集約されているようにも感じます。

落語ファンや談志ファンの皆様はもちろんのこと、談志の落語や口演をリアルタイムで聴いていない若い方たちにも、本書を通じて「江戸の風」を感じていただきたい。それを願って、本書を世に出したいと思います。

本書刊行にあたりｄＺＥＲＯの松戸さち子様、ｄＺＥＲＯのスタッフの皆様、カメラマンの阿久津知宏様、装丁の鈴木成一様、映像の撮影・編集スタッフの皆様に心より御礼申し上げます。

松岡《まつおか》慎太郎《しんたろう》（談志長男）

Video on the Book
動画「日めくりのつもり」を視聴する方法

本書の購入者特典として、「談志市場」で配信中の動画「日めくりのつもり」(366日分。内容は153ページをご参照ください)を無料で視聴できます(視聴期間:2018年7月18日〜2020年12月31日)。下記の手順で、ぜひお楽しみください。PC、スマートフォン、タブレットのいずれでも視聴できます。

---

① 下記のURLから、案内ページにアクセス
http://dze.ro/vob/edo
＊スマートフォン、タブレットの場合は
右のQRコードをご利用ください。

② 視聴したい月の「日めくりのつもり」を選択し、ページ記載の案内にしたがい、本書を持っている方だけにわかるキーワードを入力して閲覧・視聴

＊動画、音声、写真、文字を視聴・閲覧できるVideo on the Bookは、「dZERO」(www.dze.ro)を通じて配信されています。ご不明な点などは、dZEROお客様窓口(info@dze.ro)までお問い合わせください。

写真提供
阿久津知宏
談志役場
dZERO

映像制作・協力
倉橋明宏（凸版印刷）
亜紀書房

JASRAC 出 180608011-01

［著者略歴］落語家、落語立川流家元。1936年、東京に生まれる。本名、松岡克由。小学生のころから寄席に通い落語に熱中する。16歳で五代目柳家小さんに入門、前座名「小よし」を経て18歳で二つ目となり「小ゑん」。27歳で真打ちに昇進し「五代目立川談志」を襲名する。1971年、参議院議員選挙に出馬し全国区で当選、1977年まで国会議員をつとめる。1983年、落語協会と対立し脱会。落語立川流を創設し家元となる。2011年11月21日、逝去。享年75。

著書には『現代落語論』（三一新書）、『談志人生全集』全三巻、『談志百選』『立川談志遺言大全集』全十四巻（以上、講談社）、『談志絶唱 昭和の歌謡曲』『談志絶倒 昭和落語家伝』（以上、大和書房）、『談志 最後の落語論』『談志 最後の根多帳』（以上、梧桐書院）、『立川談志自伝 狂気ありて』（亜紀書房）、『談志が遺した落語論』（dZERO）などがある。

江《え》戸《と》の風《かぜ》

著者 立《たて》川《かわ》談《だん》志《し》

2018年7月18日　第1刷発行

装丁 鈴木成一デザイン室

発行者 松戸さち子

発行所 株式会社dZERO
http://www.dze.ro/
千葉県千葉市若葉区都賀1-2-5-301 〒264-0025
TEL: 043-376-7396 FAX: 043-231-7067
Email: info@dze.ro

本文DTP 株式会社トライ
印刷・製本 モリモト印刷株式会社

978-4-907623-25-8

dZEROの好評既刊

立川談志

談志が遺した落語論

「落語を最後まで愛し抜いた落語家」が、絶頂期から亡くなる直前までの約十年間に書きとめた言説の断片をまとめた拾遺集。

本体 1800円

立川談志＋落語立川流一門

増補 談志が死んだ

立川流はだれが継ぐ

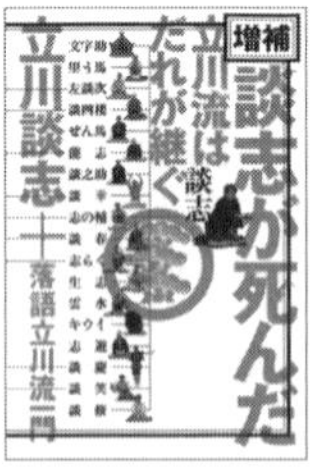

祝！落語立川流三十周年！二十周年版『談志が死んだ』を復刻、さらに新原稿を増補して家元＋現立川流五十四名が勢ぞろい！

本体 2300円

新倉典生

正楽三代

寄席紙切り百年

高座で即座に切り抜く「寄席紙切り」の名跡、林家正楽。その初代から三代目（当代）までの足跡と作品の数々、至芸の百年をたどる。

本体 2100円

定価は本体価格です。消費税が別途加算されます。本体価格は変更することがあります。